Het ultieme boek Italiaanse top-recepten

Kennismaking met de Italiaanse keuken

In Pompeji vindt men de ruïnes van winkels waar onder andere ook wijn werd verkocht.

Olijfolie is een onmisbaar bestanddeel van de Italiaanse keuken. Het wordt gebruikt als ingrediënt in verschillende gerechten en ook om in te bakken. Op de foto een eeuwenoude olijfboom.

De Italiaanse keuken kan bogen op een rijke traditie, die voor een deel teruggaat tot de keuken van de rijke Romeinse patriciërs, maar ook veel invloeden onderging van islamitische culinaire tradities. In de negende eeuw na Christus vielen islamitische volkeren het zuiden van Italië binnen en zij introduceerden tijdens hun verblijf onder meer gerechten van Chinese oorsprong, die zijzelf door de handel met het Verre Oosten hadden leren kennen. IJs en sorbet zijn recepten die op deze wijze via Italië hun weg naar Europa vonden.

In de loop van de Renaissance ontwikkelde zich in verschillende streken van Italië een eigen keuken, soms onder impuls van machtige adellijke families die niet alleen op het commerciële maar ook op het culinaire vlak met elkaar rivaliseerden. Ongetwijfeld waren de Medici's van Florence de meest toonaangevende onder die schatrijke heersers-bankiers-zakenlui. Tijdens hun heerschappij over Florence zorgden ze voor een ongekende welvaart, die het mogelijk maakte dat de burgers van de stad ook 'beter en lekkerder aten dan de paus', zoals toen werd gezegd.

De geografische en historische verschillen tussen de verschillende streken van Italië hebben gezorgd voor een buitengewoon rijk palet van culinaire geneugten. In het noorden bepalen de alpenweiden en valleien de basisingrediënten voor de voeding: boter en melkproducten. In het zuiden domineren de sterk geurende kruiden en sterk smakende groenten. Maar de binnenlandse migratie - bijna uitsluitend van het zuiden naar het noorden - heeft er sinds het einde van de vorige eeuw voor gezorgd dat plaatselijke recepten verheven worden tot nationale recepten - en meer recentelijk door de emigratie van Italianen naar West-Europa, Noord-Amerika en Argentinië zelfs tot internationale recepten. Twee bekende voorbeelden daarvan zijn de pizza's en pasta's.

De invloed van de Italiaanse keuken beperkt zich echter niet tot de introductie van pizza's en pasta's in onze eetcultuur. Reeds in de Renaissance werden in Frankrijk allerlei Italiaanse keukengewoonten overgenomen, vooral door Catharina de Medici, die de Franse culinaire gewoonten boers en onsmakelijk vond. Dat Frankrijk in de daarop volgende eeuwen evolueerde tot een culinair paradijs, is in belangrijke mate te danken aan deze invloedrijke, eigenzinnige vrouw.

Ondanks de talrijke gemeenschappelijke kenmerken blijven de

verschillen tussen de regio's in Italië zeer groot, en gelukkig maar. Soms zijn de verschillen niet meer dan variaties op eenzelfde culinair thema, maar heel dikwijls vormen fundamenteel verschillende culinaire inzichten (of historische achtergronden) de basis van bijna tegengestelde principes. Het zoutloze brood van Toscane en het zoute brood van andere Italiaanse regio's zijn daarvan een goede illustratie.

De Italiaanse keuken geeft meer dan welke andere keuken ook veel ruimte aan de creatieve inbreng van iedereen die van kokkerellen houdt. De ingrediënten en recepten zijn altijd eenvoudig, gebaseerd op de eigen smaak van natuurlijke producten. Veel kookplezier.

Italië grenst aan drie zijden aan de zee. Het verbaast dan ook niet dat vis en zeevruchten zo'n belangrijke plaats innemen in de Italiaanse keuken. Op de foto: de vissershaven van Monopoli in Apulië.

Een overzicht van Italiaanse producten

KAAS
Er zijn tientallen zeer goede Italiaanse kazen; we beperken ons in dit overzicht tot de soorten die men bijna overal kan vinden.

<u>Bel Paese</u>: een romige kaas met een zachte smaak, die mozzarella kan vervangen als deze niet verkrijgbaar is. Wordt voornamelijk in Lombardije gemaakt.

<u>Gorgonzola</u>: een blauwe kaas, afkomstig uit de stad Gorgonzola in Lombardije. De smaak is veel milder dan men van geaderde kazen zou verwachten.

<u>Mascarpone</u>: een verse kaas gemaakt van room; stamt uit Lombardije, maar wordt tegenwoordig zowat in heel Italië gemaakt. Mascarpone is vooral een dessertkaas.

<u>Mozzarella</u>: een kaas afkomstig uit Campania. Traditioneel werd mozzarella gemaakt van buffelmelk, maar tegenwoordig wordt ook veel koeienmelk gebruikt.

<u>Parmezaanse kaas</u>: zoals de naam al doet vermoeden, is deze kaas afkomstig uit het Noord-Italiaanse stadje Parma. Parmezaanse kaas is een van de vele harde, korrelige Italiaanse kazen die *grana* genoemd worden. Parmezaanse kaas wordt vers geraspt over pasta's, pizza's, rijst en groenten, enzovoort.

<u>Pecorino</u>: een kaas uit de streek van Rome en Sardinië. Wordt gebruikt zoals de Parmezaanse kaas: om te raspen over pizza's, pasta's, enz.

<u>Ricotta</u>: een witte schapen- of koeienkaas met een zachte smaak, die in diverse soorten gerechten - ook desserts - verwerkt wordt. Als ricotta niet verkrijgbaar is, kan men hem door kwark of verse kaas vervangen.

De eerste kennismaking met de Italiaanse keuken gebeurt vaak op vakantie, zoals hier op de kade van het gezellige haventje van Portofino.

Italië heeft een rijke traditie van kaasmakerij. Op de foto: de etalage van een kaaswinkel in Rome.

Een Toscaanse specialiteit is worst van wild zwijn.

Het aanbod van groenten op Capri levert een kleurrijk tafereel op.

CHARCUTERIE

Elke Italiaanse stad die zichzelf respecteert, heeft haar eigen soort worst, of een speciale ham. Het maakt deel uit van de regionale trots en wordt gegarandeerd verwerkt op de regionale pizza.
Mortadella: een bekende worst uit Bologna, waarvan vele variëteiten bestaan. De meeste soorten bevatten zwartepeperkorrels en allerlei andere kruiden.
Prosciutto: de gezouten en gedroogde ham van Parma, de prosciutto di Parma, is zonder twijfel de meest bekende ham ter wereld.

WIJN

Italië is de grootste wijnproducent van de wereld en dat reeds sinds de oudheid. De Etrusken, de bewoners van het Italiaanse schiereiland vóór de Romeinen, hebben de wijnbouwtechnieken die ze van de Grieken leerden nog verfijnd. Hun methoden vormen nog steeds de basis van de moderne wijnbouw over de hele wereld.

Er wordt in bijna geheel Italië wijn geproduceerd, in elke streek met een eigen karakter en veelal ook met eigen druivensoorten. Sinds 1963 zijn de Italiaanse wijnen volgens vaste normen gegroepeerd. De wijnwetgeving kent drie categorieën:
DS of *Denòminazione semplice*: de wijnstreek wordt vermeld, maar er is geen kwaliteitsnorm.
DOC of *Denominazione di Origine Controllata*: duidt aan dat de wijnen geregistreerd zijn in een bepaald wijnbouwgebied en dat ze gemaakt zijn volgens bepaalde technische normen.
DOCG of *Denominazione di Origine Controllata e Garantita*: duidt op een topwijn. De flessen zijn voorzien van een regeringszegel dat de kwaliteit garandeert.

In het onderstaande overzicht zijn alleen de bekendste wijnen opgenomen; de meeste van deze wijnen zijn ook buiten Italië te vinden, zij het soms in speciaalzaken.

Piëmont:
Barolo: een van de beste rode Italiaanse wijnen; wordt het best na 5 tot 10 jaar gedronken.
Barbera: een uitstekende rode wijn; de beste is Barbera d'Asti.
Asti Spumante: een witte mousserende wijn die wat zoeter is; ideale dessertwijn.

Veneto:
Valpolicella: een bekende lichte rode Italiaanse tafelwijn.
Bardolino: een uitstekende rode tafelwijn uit de streek van het Gardameer.
Amarone: een volle rode wijn met een laag alcoholgehalte; uitstekend bij wild.

Een winkel in Venetië, gelegen in een buurt waar weinig toeristen komen.

Toscane:
<u>Chianti</u>: vooral jong een verrukkelijke wijn.
<u>Chianti classico</u>: een wijn die moet rijpen; verbouwd in de buurt van Siëna. Een van de beste soorten is de chianti brolio.
<u>Vino santo</u>: een eenvoudige, populaire witte wijn die vooral na het eten gedronken wordt.

Umbrië:
<u>Orvieto</u>: misschien de bekendste witte Italiaanse wijn; er is een zoete en droge soort.

Marche:
<u>Verdicchio dei Castelli di Jesi</u>: een droge harmonieuze witte wijn, geschikt voor bij vis.

Lazio:
<u>Frascati</u>: een van de beroemde witte wijnen die rond Rome geproduceerd worden.

Sicilië:
<u>Marsala</u>: een stevige witte wijn die als aperitief of bij een dessert gedronken kan worden. Wordt gebruikt om de *zabaione* te maken.

Een van de vele kleurrijke tomatenrassen die Italië rijk is.

Het verbouwen van graan is een van de belangrijkste landbouwactiviteiten in Italië. De Italianen zijn grote verbruikers van graanproducten: denk maar aan de vele pasta's en pizza's die als hoofdingrediënt tarwemeel gebruiken. Toscane is zonder twijfel de graanschuur van Italië, vooral de streek ten zuiden van Siëna.

Het kleurrijke uithangbord van een pizzeria op het eiland Capri.

PASTA:

Pasta betekent *deeg*. Het is de verzamelnaam voor allerlei soorten spaghetti's en macaroni's, gemaakt van tarwebloem, eieren en zout. Waarschijnlijk ontstaan op het eiland Sicilië, veroverde het geleidelijk aan heel Italië. In de loop der eeuwen ontstonden allerlei pastavormen en pastarecepten, vandaar de enorme variëteit aan pasta's die op de markt te koop zijn. Het onderstaande overzicht is dus verre van volledig.

Agnolotti: gevulde ronde, stervormige tasjes.
Boccolotti: een holle pasta, een soort dikke macaroni.
Bucatini: een dunne, lange en holle pasta.
Bucatoni: zoals bucatini, maar wat dikker.
Cannelloni: opgerold deeg met verschillende soorten vulling.
Cappelletti: een soort tortellini.
Cavatappi: korte, kurkentrekkervormige pasta.
Chifferi: korte, holle hoorntjes, aan de buitenzijde geribbeld.
Conchiglie: schelpvormige pasta van diverse grootte.
Ditali: zeer korte, ronde, holle macaroni.
Farfalle: vlindervormige pasta.
Fettucini: een soort tagliatelli: een lintvormige pasta.
Fusilli: gedraaide pasta, in verschillende vormen en kleuren.
Garganelli: een korte holle, opgerolde pasta die met de hand wordt gemaakt.
Gnocchi: oorspronkelijk van aardappeldeeg, maar bestaat ook met tarwedeeg.
Lasagne: platte deegplaten van verschillende afmetingen.
Linguine: smalle lintpasta in de vorm van spaghetti (in Italië slechts plaatselijk populair).
Maccheroni: een holle deegpasta.
Millerighe: een korte, holle pasta, een rigatone-soort met meer ribbels.
Orecchiette: kleine, bolle pasta, in de vorm van oortjes.
Pansoti: driehoekige, gevulde pastavorm.
Papardelle: een lintpasta van 2 cm breed.
Penne: korte, holle pasta, die dwars doorgesneden wordt.
Pennoni: korte, holle pasta, dwars doorgesneden, maar dikker dan penne.
Ravioli: vierkante deegtasjes met verschillende soorten vulling.
Rigatone: zoals penne, maar recht gesneden.
Ruote di carro: pasta in de vorm van een karrenwiel.
Spaghetti: een dunne, niet holle pasta. Er zijn verschillende soorten volgens de doormeter.
Spaghettini: een dunne soort spaghetti.
Tagliatelle: een lintpasta van 8 mm breed.
Tagliolini: een lintpasta van 2 mm breed.

<u>Tonnarelli</u>: een lintpasta van slechts 1½ mm breed.
<u>Tortellini</u>: deegringen met diverse soorten vullingen.
<u>Tortelloni</u>: deegtasjes in de vorm van een halve maan.
<u>Tortiglioni</u>: korte, gedraaide pasta.
<u>Vermicelli</u>: een zeer dunne soort spaghetti, meestal gebruikt in soepen.

KRUIDEN

Er zijn een aantal kruiden die in de Italiaanse keuken niet mogen ontbreken, bij voorkeur vers, maar ook gedroogd zijn ze goed bruikbaar.
<u>Basilicum</u>: een van de meest gebruikte kruiden.
<u>Oregano</u>: veel gebruikt in pasta's en salades.
<u>Rozemarijn</u>: veelvuldig gebruikt in soepen en bij lams- en varkensvlees.
<u>Tijm</u>: in kleine hoeveelheden gebruiken in groente- en wildschotels.
Verder wordt ook gebruikgemaakt van *dragon, venkel, knoflook, paprikapoeder, munt, saffraan en salie*.

Porcini of eekhoorntjesbrood is een zeer geliefde paddestoel in de Italiaanse keuken.

In het Crètes-gebied ten zuiden van Siëna in Toscane zijn er uitgestrekte graanvelden.

Antipasti en Bruschette

Antipasti

Een antipasto (enkelvoud van antipasti) is een introductie van de maaltijd, die dan verder bestaat uit een primo piatto, een secondo piatto en een dessert. Een antipasto past bij de maaltijd en geeft weer hoe de maaltijd zal zijn: eenvoudig of bewerkt. Een antipasto wekt de eetlust op en verzadigt niet. Hij behaagt niet alleen de tong, maar ook het oog. Er wordt speciale aandacht besteed aan het uiterlijk van de antipasto. Gemengde groenten, gemarineerde groenten, gefrituurde hapjes, kleine taartjes: ze kunnen allemaal uitstekend als antipasti dienen.

Een klassieke bruschetta

Bereidingsduur: 30 minuten

Ingrediënten voor 4 personen:
4 sneetjes van een rond (Toscaans) stevig witbrood
3 à 4 vleestomaten
1 teentje knoflook
1 bosje vers basilicum
8 theel olijfolie (extra vergine)
zout en versgemalen peper

Tomaten zijn belangrijke ingrediënten in de Italiaanse keuken.

1. Leg de sneetjes brood op een rooster in het midden van een matig warme oven (180°C) en laat ze in 10 à 15 minuten goudgeel roosteren.
2. Was de tomaten en snijd ze in kleine blokjes. Was het basilicum en dep droog. Hak de blaadjes in kleinere stukjes. Meng de tomaten en het basilicum in een schaal. Voeg er wat zout en versgemalen peper aan toe.
3. Haal de goudbruine sneetjes brood uit de oven en laat ze afkoelen. Wrijf één kant van het brood in met het gepelde en doormidden gesneden knoflookteentje. Strooi er wat zout overheen en besprenkel elk sneetje met 1 theelepel olijfolie.
4. Schep vlak voor het serveren de tomaten-basilicumsalade op de sneetjes brood en doe er ongeveer 1 theelepel olijfolie over.

Bruschetta met ricotta en rucola

Bereidingsduur: 30 minuten.

Ingrediënten voor 4 personen:

4 sneetjes van een rond (Toscaans) stevig witbrood
250 g ricotta
1 teentje knoflook

1 bosje rucola
12 ontpitte zwarte olijven
8 theel olijfolie (extra vergine)
zout en versgemalen peper

1. Leg de sneetjes brood op een rooster in het midden van een matig warme oven (180°C) en laat ze in 10 à 15 minuten goudgeel roosteren.
2. Was de rucola en hak in grove stukken.
3. Haal de goudbruine sneetjes brood uit de oven en laat ze afkoelen. Wrijf één kant van het brood in met het gepelde en doormidden gesneden knoflookteentje. Strooi er wat zout overheen en besprenkel elk sneetje met 1 theelepel olijfolie.
4. Smeer vlak voor het serveren een dikke laag ricotta op de sneetjes, garneer met de rucola en de olijven, strooi er wat zout en versgemalen peper over en besprenkel het geheel met 1 theelepel olijfolie per sneetje.

Bruschetta met mozzarella en ansjovis

Bereidingsduur: 30 minuten

Ingrediënten voor 4 personen:

8 plakjes stokbrood
2 bolletjes mozzarella
16 ansjovisfilets
1 eetl kappertjes
8 theel olijfolie (extra vergine)
zout en versgemalen peper

1. Besprenkel elk plakje stokbrood met 1 theelepel olijfolie.
2. Snijd de mozzarella in 8 plakken en verdeel deze over het brood. Leg de ansjovis boven op de mozzarella.
3. Leg de plakjes brood op een rooster in het midden van een matig warme oven (180°C) en laat ze in 10 à 15 minuten roosteren tot het brood goudgeel is en de mozzarella zacht.
4. Haal het brood uit de oven, garneer met kappertjes, besprenkel met olijfolie en bestrooi met wat zout en versgemalen peper.

Crostini uit Toscane

Bereidingsduur: 1 uur

Ingrediënten voor 4 personen:

8 plakjes stokbrood
200 g kippenlevertjes
1 ui
1 stengel bleekselderij
1 eetl kappertjes
2 glazen witte wijn
1 dl kippenbouillon
1 dl olijfolie (extra vergine)
zout en versgemalen peper

1. Snipper de ui en snijd de bleekselderij in kleine stukjes. Verhit 2 eetlepels olijfolie in een braadpan, fruit de ui en de bleekselderij. Voeg vervolgens de kippenlevertjes toe en laat het geheel 3 minuten bakken.
2. Hak de kappertjes fijn en voeg ze samen met wat zout en versgemalen peper toe. Voeg de wijn toe en laat deze verdampen. Laat het geheel onder toevoeging van telkens wat bouillon 30 minuten koken.
3. Besprenkel ondertussen elk plakje stokbrood met 1 theelepel olijfolie. Leg de plakjes op een rooster in het midden van een matig warme oven (180°C) en laat ze in ongeveer 10 à 15 minuten goudgeel roosteren.
4. Doe het mengsel uit de pan in een foodprocessor en maal het tot een mooie pasta. Haal de plakjes brood uit de oven en besmeer ze dik met de leverpasta.

Stokbrood met tapenade uit Genua

Bereidingsduur: 30 minuten

Ingrediënten voor 4 personen:

1 stokbrood
200 g zwarte ontpitte olijven
70 g tonijn in olie of water
2 eetl kappertjes
5 ansjovisfilets
1 citroen
1 tomaat
1 kleine ui
2 dl olijfolie (extra vergine)
zout en versgemalen peper

1. Laat de olijven, de tonijn, de ansjovis en de kappertjes uitlekken. Pers de citroen en rasp de schil.
2. Doe olijven, tonijn, ansjovis, kappertjes, geraspte citroenschil, olijfolie, wat citroensap en peper en zout in de blender. Maal tot een mooie pasta.
3. Snijd het stokbrood in plakjes. Was de tomaten en snijd in heel dunne plakjes. Schil de ui en snijd in dunne ringen.
4. Smeer de olijventapenade op het stokbrood en leg er een plakje tomaat of een uienring bovenop.

Paprika en courgette uit de oven

Bereidingsduur: 1 1/2 uur

Ingrediënten voor 4 personen:

3 grote donkerrode paprika's
2 courgettes
(platte) peterselie

8 eetl olijfolie (extra vergine)
zout en versgemalen peper

1. Leg de paprika's op een rooster in een matig warme oven (180°C) en rooster ze 30 à 40 minuten tot de schil gebarsten is en bruinzwarte vlekken vertoont. Haal de paprika's uit de oven, leg ze op een platte schaal en laat ze afkoelen.
2. Was de courgettes en snijd ze in de lengte in plakken. Bestrooi met zout en laat 10 minuten in een zeef liggen. Spoel ze af met water en dep ze droog met een katoenen doek. Leg deze plakken ook op een rooster in de oven en rooster ze 10 à 15 minuten tot ze goudgeel zijn.
3. Ontdoe de paprika's van de schil en de zaadlijsten, laat het vocht eruit lopen en snijd ze in de lengte in repen.
4. Leg de gesneden paprika's in het midden van een platte schaal, en de courgetes aan beide zijden ernaast. Garneer met de peterselie. Besprenkel het geheel met olijfolie en zout en peper.

Paprika uit de oven met kappertjes

Bereidingsduur: 1 uur

Ingrediënten voor 4 personen:

4 grote donkerrode paprika's
1 eetl kappertjes
8 eetl olijfolie
zout en versgemalen peper

1. Leg de paprika's op een rooster in een matig warme oven (180°C) en rooster ze 30 à 40 minuten tot de schil gebarsten is en bruinzwarte vlekken vertoont. Haal de paprika's uit de oven, leg ze op een platte schaal en laat ze afkoelen.
2. Ontdoe de paprika's van de schil en de zaadlijsten, laat het vocht eruit lopen en snijd ze in de lengte in repen.
3. Schik de paprika op een platte schaal. Garneer met de kappertjes. Besprenkel het geheel met olijfolie en zout en versgemalen peper.

Spinazie met gorgonzola en pijnpitten

Bereidingsduur: 25 minuten

Ingrediënten voor 4 personen:
100 g babyspinazie
100 g gorgonzola of roquefort
1 eetl pijnpitten
4 eetl olijfolie (extra vergine)

1. Was de spinazieblaadjes, droog ze voorzichtig en verdeel ze over 4 bordjes.
2. Doe de pijnpitten in een antiaanbakpan en rooster ze, onder af en toe schudden, in 3 minuten goudgeel. Laat afkoelen.
3. Smelt de kaas op een laag vuurtje in een antiaanbakpan. Schep de gesmolten kaas over de spinazie op de bordjes.
4. Strooi de pijnpitten over de salade en besprenkel het geheel met olijfolie.

Salade uit Capri

Bereidingsduur: 30 minuten

Ingrediënten voor 4 personen:
4 grote vleestomaten
250 g mozzarella (di buffala)
zwarte ontpitte olijven
vers basilicum
1 eetl (balsamico)azijn
4 eetl olijfolie (extra vergine)
zout en versgemalen peper

Jaarlijks bezoeken enkele miljoenen toeristen het paradijselijke eiland Capri.

1. Was de tomaten en snijd in dunne plakken. Laat de mozzarella uitlekken en snijd in plakken. Laat de olijven uitlekken en snijd in ronde ringetjes.
2. Verwarm de grill.
3. Pak de grootste plak tomaat, leg er een plakje mozzarella en een olijfring bovenop, stapel er vervolgens weer een plak tomaat, mozzarella en olijfring bovenop. Sluit af met een plak mozzarella. Maak 4 van deze stapeltjes.
4. Plaats de stapeltjes 2 à 3 minuten onder de grill tot de mozzarella smelt. Leg ze op bordjes. Garneer met basilicumblaadjes en besprenkel met olijfolie en azijn en bestrooi met zout en peper.

Gevulde artisjokken uit Basilicata

Bereidingsduur: 1 uur

Ingrediënten voor 4 personen:

4 grote artisjokken
50 g broodkruimels
50 g geraspte parmezaanse kaas
80 g (kruidige Italiaanse) worst
2 eieren
1 teentje knoflook
4 eetl (platte) peterselie
1 glas witte wijn
citroensap
2 eetl olijfolie (extra vergine)
zout en versgemalen peper

1. Was de artisjokken, verwijder de buitenste harde bladeren en schep de binnenkant uit. Besprenkel ze met wat citroensap om oxidatie tegen te gaan. Leg ze in koud water.
2. Hak de peterselie. Snijd de worst in blokjes. Meng peterselie, worst, broodkruimels, parmezaanse kaas, eieren, uitgeperste knoflook, olijfolie en wat zout en peper.
3. Verwarm de oven (180°C). Vul de artisjokken met het mengsel.
4. Zet de gevulde artisjokken in een ovenschaal, voeg de witte wijn toe en overdek het geheel met aluminiumfolie. Laat de artisjokken in 25 à 30 minuten gaar worden. Serveer vervolgens op bordjes.

Gevulde aubergines

Bereidingsduur: 1 uur

Ingrediënten voor 4 personen:

2 grote aubergines
1 grote ui
4 tomaten
50 g parmezaanse kaas
1 bosje basilicum
2 eetl olijfolie
zout en versgemalen peper

1. Was de aubergines, verwijder de top en snijd ze in de lengte doormidden. Schep het binnenste eruit. Bestrooi de helften met zout en laat ze 30 minuten uitlekken in een zeef. Hak het basilicum.
2. Verwarm de oven (180°C). Leg de aubergines in een ovenschaal en bedek ze met aluminiumfolie. Bak ze in 15 minuten gaar.
3. Was de tomaten, halveer ze, verwijder het binnenste en snijd ze in kleine stukjes. Schil en snipper de ui en fruit 3 minuten in olijfolie. Voeg de tomaat toe en wat zout en peper en fruit vervolgens nog eens 6 minuten.
4. Vul de aubergines met de gefruite ui en tomaat en strooi de parmezaanse kaas erbovenop. Zet ze terug in de oven en bak nog eens 15 minuten. Serveer op bordjes en garneer met basilicum.

Tomaten met rijstsalade uit Sicilië

Bereidingsduur: 1 uur

Ingrediënten voor 4 personen:

4 grote vleestomaten
200 g kortkorrelige rijst
3 stevige tomaten
200 g tonijn in olie
1 eetl zwarte en groene ontpitte olijven
1 komkommer, 1 groene paprika
1 rode ui, 80 g zoete maïs
3 ansjovisfilets, 1/2 citroen
(platte) peterselie
groene slabladeren
3 eetl olijfolie (extra vergine)
zout en versgemalen peper

1. Was de vleestomaten en snijd de bovenkant eraf zodanig dat je een kommetje overhoudt. Bewaar de bovenkant voor later. Verwijder het binnenste en laat de tomaten 15 minuten uitlekken in een zeef. Laat de tonijn en de maïs uitlekken.
2. Kook de rijst gaar en laat afkoelen.
3. Was de gewone tomaten, halveer ze, verwijder het binnenste en snijd ze in kleine stukjes. Was de paprika, verwijder de zaadlijsten en snijd in kleine stukjes. Schil de komkommer en snijd in kleine blokjes. Schil de ui en snijd deze in stukjes. Hak de peterselie fijn. Meng de rijst, de fijngesneden groenten, de tonijn en de in stukjes gesneden olijven door elkaar. Maak een dressing van fijngesneden ansjovis, olijfolie, citroensap, zout en peper. Meng deze met de rijstsalade.
4. Vul de vleestomaten met de rijstsalade. Doe de bovenkant van de tomaat erbovenop. Serveer de tomaten op een bed van groene slabladeren.

Tuinbonen op z'n Romeins

Bereidingsduur: 45 minuten

Ingrediënten voor 4 personen:

500 g ingevroren tuinbonen
2 sjalotjes
100 g (Italiaanse) kruidenworst
1/2 glas droge witte wijn
1 glas water, 3 eetl olijfolie
zout en versgemalen peper
2 chilipepertjes, naar keuze

1. Ontdooi de tuinbonen. Schil de sjalotjes en snipper ze zeer fijn. Snijd de worst in kleine blokjes.
2. Fruit de sjalotjes met eventueel de chilipepertjes in de olie. Voeg de worst toe en roerbak het geheel nog 3 à 4 minuten. Voeg de tuinbonen toe en roerbak ze ook 3 à 4 minuten zodat ze de smaak van de worst en de sjalotjes opnemen. Voeg de wijn toe en laat deze verdampen.
3. Voeg vervolgens een glas water, zout en peper toe, doe een deksel op de pan en laat het geheel 15-20 minuten op een laag vuurtje sudderen. Indien nodig extra water toevoegen.
4. Serveer de tuinbonensalade warm in kleine schaaltjes.

Linzensalade

Bereidingsduur: 30 minuten

Ingrediënten voor 4 personen:
400 g linzen uit blik
3 stevige tomaten
1 kleine rode ui
1 prei
1 kleine groene paprika
1 kleine gele paprika
1 kleine rode paprika
zwarte ontpitte olijven
(platte) peterselie
3 eetl olijfolie
1 eetl wijnazijn
zout en versgemalen peper

1. Laat de linzen uitlekken.
2. Was de prei, verwijder de buitenste bladeren en snijd in dunne ringen.
3. Was de tomaten, halveer ze, verwijder het binnenste en snijd ze in kleine blokjes. Snijd de ui en olijven in ringen en de paprika's in blokjes. Hak de peterselie.
4. Meng alles in een grote schaal door elkaar. Voeg zout, peper, olijfolie en azijn toe. Dien op in kleine schaaltjes.

Bonensalade met tonijn uit Toscane

Bereidingsduur: 20 minuten

Ingrediënten voor 4 personen:
500 g grote witte bonen uit blik
200 g tonijn in olie of water
1 kleine ui
2 stevige tomaten
2 eetl (platte) peterselie
1 citroen
3 eetl olijfolie
zout en versgemalen peper

Vissersboten van Porto San Stefano in Toscane voeren elke dag verse tonijn aan.

1. Laat de bonen uitlekken. Schil en snipper de ui en meng met de bonen. Was de tomaten, halveer ze, verwijder het binnenste en snijd ze in dunne reepjes. Meng met de bonen en ui. Voeg grove stukken tonijn toe.
2. Hak de peterselie en voeg toe.
3. Maak een dressing van olijfolie, citroensap, zout en peper.
4. Giet de dressing over de salade en serveer in kleine schaaltjes.

Zwaardvissalade uit Ligurië

Bereidingsduur: 30 minuten

Ingrediënten voor 4 personen:
300 g gefileerde zwaardvis
1 krop stevige sla
2 eetl zure room
1/2 theel ansjovispasta
1 teentje knoflook, 1 citroen
mosterd
7 eetl olijfolie (extra vergine)
zout en versgemalen peper

1. Was de sla en snijd in lange reepjes. Spreid uit op een platte schaal.
2. Pel de knoflook en hak fijn. Maak een dressing met de knoflook, 3 eetlepels olijfolie, citroensap en 1/2 theelepel ansjovispasta, de zure room, mosterd en zout en peper, eventueel met behulp van de blender.
3. Smeer de zwaardvis in met de helft van de dressing. Verwarm 3 à 4 eetlepels olijfolie in de pan en bak de zwaardvis aan elke kant 4 à 5 minuten. Voeg wat zout en peper toe. Leg de vis op een schaal met aluminiumfolie erover.
4. Giet wat van de dressing over de sla. Snijd de vis in dunne reepjes en schik op het slabed. Besprenkel met de rest van de dressing.

Aspergesalade met parmezaanse kaas

Bereidingsduur: 30 minuten

Ingrediënten voor 4 personen:
12 asperges
100 g parmezaanse kaas
1 krop stevige sla
3 eetl olijfolie (extra vergine)
1 eetl balsamicoazijn
zout en versgemalen peper

Het stadhuis van Parma, een kleine stad in de Po-vlakte die beroemd is voor haar kaas en droge ham.

1. Maak de asperges schoon en snijd de kopjes eraf. Stoom de kopjes in 5 à 6 minuten gaar.
2. Was en droog de sla en verdeel over 4 bordjes. Maak een dressing van olijfolie, azijn en zout en peper.
3. Leg de aspergekopjes op de sla en besprenkel met de dressing.
4. Rasp de parmezaanse kaas over de asperge en de sla.

Andijvie met mozzarella

Bereidingsduur: 30 minuten

Ingrediënten voor 4 personen:
300 g mozzarella (di bufala)
4 vleestomaten
1 krop andijvie
1 wortel
3 eetl olijfolie (extra vergine)
1 eetl balsamicoazijn
zout en versgemalen peper

1. Was de tomaten en snijd in dunne plakjes. Was en droog de andijvie.
2. Schil de wortel en snijd in lange reepjes à la julienne.
3. Laat de mozzarella uitlekken en snijd in dunne plakjes. Maak een dressing van olijfolie, azijn en zout en peper.
4. Leg de blaadjes andijvie en de wortelstengels aan één kant van de bordjes. Leg de tomaat en mozzarella afwisselend aan de andere kant. Besprenkel met de dressing.

Rijstsalade

Bereidingsduur: 1 uur

Ingrediënten voor 4 personen:
300 g kortkorrelige rijst
5 stevige tomaten
300 g tonijn in olie
zwarte en groene ontpitte olijven
1 kleine komkommer
1 gele paprika, 1 rode ui
2 stengels bleekselderij
3 ansjovisfilets in olijfolie
(platte) peterselie
1/2 citroen
groene slabladeren
3 eetl olijfolie (extra vergine)
zout en versgemalen peper

1. Kook de rijst en laat afkoelen.
2. Was de tomaten, halveer ze, verwijder het binnenste en snijd ze in kleine stukjes. Was de paprika, verwijder de zaadlijsten en snijd in kleine stukjes. Schil de komkommer en snijd in kleine blokjes. Schil de ui en snijd in blokjes. Snijd de bleekselderij in stukjes.
3. Laat de tonijn uitlekken. Laat de ansjovis uitlekken en snijd fijn. Hak de peterselie fijn. Meng de rijst, kruiden, groenten en de tonijn door elkaar. Maak een dressing van fijngesneden ansjovis, olijfolie, citroensap, en zout en peper. Meng de dressing met de rijstsalade.
4. Serveer de rijstsalade op een bed van groene slabladeren.

Carpaccio met rucola

Bereidingsduur: 30 minuten

Ingrediënten voor 4 personen:

4 dunne plakjes carpaccio van rundvlees
150 g parmezaanse kaas aan een stuk
80 g rucola, citroen
4 eetl olijfolie (extra vergine)
zout en versgemalen peper

Italianen gebruiken steeds verse groenten voor hun antipasti.

1. Leg de plakjes carpaccio op 4 bordjes.
2. Was en droog de rucola en garneer over de carpaccio.
3. Schaaf de parmezaanse kaas in dunne plakjes en leg deze op de rucola.
4. Besprenkel met olijfolie en wat citroensap. Voeg zout en peper naar smaak toe.

Aubergines met peterselie

Bereidingsduur: 20 minuten (plus 30 minuten intrekken)

Ingrediënten voor 4 personen:

2 aubergines
1 wortel
(platte) peterselie
1 teentje knoflook
1 1/2 dl olijfolie (extra vergine)
zout en versgemalen peper

1. Was de aubergines en snijd ze in de lengte in plakken van 1 cm dik. Strooi zout aan beide kanten en laat 5 minuten rusten. Spoel af met water en dep droog met een katoenen doek.
2. Leg de plakken op een rooster in het midden van de oven (190°C) en rooster ze 20 à 30 minuten tot er zwarte strepen op de aubergine komen van het rooster.
3. Was de wortel, snijd in heel kleine blokjes en stoof gaar in een pan met een bodempje water. Pel de knoflook en hak in zeer fijne stukjes. Was de peterselie en hak in grove stukken. Doe knoflook, peterselie, peper en zout bij de olijfolie. Meng alles goed.
4. Haal de aubergine uit de oven en leg de plakken op een platte schaal met een opstaand randje. Strooi de wortelblokjes op de aubergines, giet het olijfoliemengsel eroverheen en laat ongeveer 30 minuten intrekken.

Suppli of rijstkroketjes

Bereidingsduur: 1 uur

Ingrediënten voor 4 personen:
300 g rijst
100 g boter
100 g geraspte parmezaanse kaas
4 eieren
1 ui
1 kleine stevige tomaat

paneermeel
bloem
nootmuskaat
1 1/2 liter vleesbouillon
frituurolie
zout en versgemalen peper

1. Schil en snipper de ui heel fijn en fruit in 50 g boter. Was de tomaat, halveer, verwijder het binnenste, snijd hem in heel kleine blokjes en voeg toe aan de ui. Doe de rijst erbij. Giet er telkens wat bouillon bij en roer regelmatig om. Als de rijst gaar is, roer er dan 50 g boter doorheen. Laat de rijst 5 minuten afkoelen.
2. Voeg 2 eieren, nootmuskaat en parmezaanse kaas toe en meng het geheel goed. Leg het mengsel nu op een ingevette plaat en sla met een lepel tot een stevige platte koek van 1 cm dik. Laat goed afkoelen.
3. Klop de overige 2 eieren en voeg wat zout en peper toe. Snijd met een rond bakvormpje of een kopje ronde schijven uit de dikke koek. Haal deze schijfjes eerst door de bloem, vervolgens door de eieren en ten slotte door het paneermeel.
4. Frituur de schijfjes in hete olie tot ze goudbruin zijn. Leg ze zodra ze klaar zijn op vetvrij papier. Serveer ze warm.

Gefrituurde mozzarella

Bereidingsduur: 20 minuten

Ingrediënten voor 4 personen:
2 bolletjes mozzarella (di bufala)
2 eieren

bloem
paneermeel
frituurolie

1. Snijd de mozzarella in dikke plakken en haal ze door de bloem.
2. Klop de eieren en haal de bebloemde plakken mozzarella erdoorheen en vervolgens door het paneermeel.
3. Frituur de plakken in hete olie tot ze goudbruin zijn en leg ze vervolgens op vetvrij papier.
4. Serveer ze warm.

Gefrituurde calamari

Bereidingsduur: 20 minuten

Ingrediënten voor 4 personen:
*400 g schoongemaakte calamari
3 eieren
bloem
1 citroen
frituurolie
zout en versgemalen peper*

Bijna overal in Italië is er een uitzonderlijk groot aanbod van verse zeeproducten.

1. Spoel de calamari af onder de kraan en dep ze droog met een katoenen doek. Haal de calamari door de bloem zodat ze geheel bedekt zijn.
2. Klop de eieren los met zout en peper en haal de ringen door het mengsel.
3. Frituur de ringen in hete olie goudbruin.
4. Laat ze uitlekken op vetvrij papier. Serveer de gefrituurde calamari warm met partjes citroen ernaast.

Gefrituurde ansjovis

Bereidingsduur: 20 minuten

Ingrediënten voor 4 personen:
*16 verse, schoongemaakte ansjovisjes
3 eieren
bloem
citroen
frituurolie
zout en versgemalen peper*

Verse vis wordt in Italië nog steeds vooral door plaatselijke vissers met kleine motorboten gevangen.

1. Spoel de ansjovisjes af onder de kraan en dep ze droog met een katoenen doek. Haal ze door de bloem zodat ze geheel bedekt zijn.
2. Klop de eieren los met zout en peper en haal de ansjovisjes door het mengsel.
3. Frituur ze in hete olie goudbruin.
4. Laat ze uitlekken op vetvrij papier. Serveer de gefrituurde ansjovis warm met partjes citroen ernaast.

Eieren gevuld met zalm

Bereidingsduur: 45 minuten

Ingrediënten voor 4 personen:

100 g gerookte zalm
8 grote eieren
50 g zure augurken
platte peterselie
2 kleine komkommers
1/2 citroen
paprikapoeder
5 eetl olijfolie (extra vergine)
zout en versgemalen peper

1. Kook de eieren hard in 5 minuten. Ontdoe de komkommers van de zaadlijsten en snijd in kleine blokjes. Snijd de augurken in kleine stukjes.
2. Pel de eieren en snijd ze doormidden. Schep het eigeel er voorzichtig uit, zonder het eiwit te beschadigen. Meng het eigeel met de augurken en de helft van de gerookte zalm. Doe het geheel in de foodprocessor en voeg een snufje paprikapoeder en zout toe. Maal alles tot een mooie puree. Vul de eiwitten op met de puree.
3. Maak een dressing van olijfolie, citroensap, peper en zout. Meng de komkommer met de rest van de gerookte zalm en leg het op het midden van een ronde schaal. Giet de dressing eroverheen en garneer met fijngehakte peterselie.
4. Rangschik de gevulde eieren in een cirkel om de komkommer-zalmsalade.

Tomaten gevuld met avocadomousse

Bereidingsduur: 35 minuten

Ingrediënten voor 4 personen:

8 harde tomaten
1 ui
1 rijpe avocado
1 theel ansjovispasta
1 citroen
zout en versgemalen peper
enkele slabladeren
een paar sprietjes bieslook

1. Was de tomaten, halveer ze en verwijder het binnenste. Leg ze met de uitgeholde kant naar beneden in een zeef en laat ze 15 minuten uitlekken.
2. Schil de ui en snipper heel fijn. Snijd de avocado in de lengte doormidden. Haal de pit eruit en schep het vruchtvlees eruit. Sprenkel er wat citroensap overheen.
3. Doe de avocadopulp, de gesnipperde ui, de ansjovispasta, wat citroensap, zout en peper in de blender en maal tot een mooie mousse.
4. Rangschik de slabladeren op een schaal. Leg de halve tomaten erop en vul met de mousse. Garneer het geheel met gehakt bieslook.

Boerensalade

Bereidingsduur: 30 minuten

Ingrediënten voor 4 personen:

600 g asperges
250 g gemengde sla
2 tomaten
1 wortel
1 komkommer

1/2 citroen
100 g parmezaanse kaas
1/2 theel mosterd
1/2 kop olijfolie (extra vergine)
zout en versgemalen peper

1. Maak de asperges schoon en stoom ze in 10 minuten gaar. Snijd de wortel in lange dunne stengels (à la julienne). Was de tomaten, halveer ze en verwijder het binnenste. Laat ze 10 minuten met uitgeholde kant naar beneden in een zeef uitlekken. Snijd in dunne schijfjes
2. Schil de komkommer en snijd in kleine blokjes. Snijd de kaas in kleine blokjes.
3. Maak een dressing van olijfolie, citroensap, mosterd, peper en zout.
4. Rangschik de slabladeren op 4 bordjes. Sprenkel er wat van de dressing overheen. Leg de asperges erop. Rangschik de andere ingrediënten ernaast. Besprenkel met de rest van de dressing.

Brood met zongedroogde tomaatjes

Bereidingsduur: 10 minuten (plus minstens 4 dagen intrekken)

Ingrediënten voor 4 personen:

1 stokbrood
12 zongedroogde tomaten
3 teentjes knoflook

oregano of rozemarijn naar smaak
1 dl azijn
3 dl olijfolie (extra vergine)
zout

1. Vul een pan met ruim water en azijn. Breng het water aan de kook, doe de tomaten erin en laat ze 3 minuten koken. Schep ze met een zeef uit de pan en leg ze op een schone katoenen doek. Dep ze voorzichtig droog.
2. Vul een conservenpot met olijfolie, een flinke schep zout, een eetlepel oregano en 3 gepelde teentjes knoflook. Doe de tomaten in deze pot. Sluit de pot goed af en laat de olie minstens 4 dagen intrekken. Draai de pot af en toe om.
3. Snijd vlak voor het serveren het stokbrood in plakken. Leg deze op een platte schaal.
4. Beleg het stokbrood met zongedroogde tomaatjes in ruim olie en garneer met wat oregano of rozemarijn.

Gevulde driehoekjes van bladerdeeg

Bereidingsduur: 40 minuten

Ingrediënten voor 4 personen:
400 g bladerdeeg (ingevroren vierkante lapjes)
100 g zwarte ontpitte olijven
100 g ansjovis in olie
100 g zalm
100 g gekookte ham
100 g gesneden jong belegen kaas
klontje boter

1. Spreid de vierkante lapjes bladerdeeg uit op een werkblad.
2. Snijd de olijven in kleine stukjes. Laat de ansjovis uitlekken en snijd de visjes in tweeën.
3. Bedek een driehoek van de lapjes deeg met de gesneden olijven en een halve ansjovis. Bedek het andere gedeelte met een stukje zalm. Stapel daarop een plakje ham en een plakje kaas. Vouw de lapjes diagonaal dubbel, zodat driehoekjes ontstaan.
4. Leg de driehoekjes op een ingevette bakplaat en schuif ze in een matig warme oven (190°C). Laat ze in 10 à 15 minuten goudbruin worden. Serveer ze bij voorkeur warm.

Vierkantjes met bleekselderij

Bereidingsduur: 20 minuten

Ingrediënten voor 4 personen:
8 sneetjes wit casinobrood
3 stengels bleekselderij
2 eetl amandelen (niet geroosterd)
2 eetl mayonaise
zout en versgemalen peper

1. Snijd de selderij in kleine stukjes. Bewaar de bladeren.
2. Doe de bleekselderij, de amandelen, de mayonaise en zout en peper in de blender en maal het geheel tot een grove pasta.
3. Snijd de korst van de sneetjes brood af. Besmeer 4 sneetjes dik met de pasta. Leg de andere sneetjes erbovenop en snijd schuin doormidden tot driehoekjes.
4. Leg de driehoekjes op een schaal en leg de selderijbladeren er als versiering tussendoor.

Basilicumsaus *(Pesto)*

Moeilijkheidsgraad: gemakkelijk
Bereidingsduur: 10 minuten

Ingrediënten voor ca. 4 dl:
100 g verse basilicumblaadjes
1 gepeld knoflookteentje
20 g pijnboompitten
20 g fijn geraspte pecorinokaas
20 g fijn geraspte parmezaanse kaas
1/4 l olijfolie
1 snufje zout

1. Meng de knoflook met het basilicum en pijnboompitten in de mixer of de keukenmachine, of gebruik een vijzel, waardoor de saus nog smeuïger en geuriger wordt.
2. Meng er de kaassoorten door en giet er in een dun straaltje de olijfolie bij. Meng tot een gladde fluwelen saus en breng op smaak met zout. Overgoten met een beetje olijfolie en in een hermetisch gesloten potje kan de pesto lang worden bewaard in de koelkast.

Bolognese saus

Moeilijkheidsgraad: gemakkelijk
Bereidingsduur: 45 minuten

Ingrediënten voor ca. 1 1/2 liter:
1 kg gemengd gehakt (rund/kalf)
1 ui
1 wortel
1 selderijstengel
1 bouillonblokje opgelost in 6 dl water
1 dl rode tafelwijn
5 eetl tomatenpuree
1 laurierblad
1 takje tijm
1 snufje oregano
12 eetl olijfolie
zout en versgemalen peper

1. Was de groenten en snijd ze in fijne julienne. Verhit de olijfolie in een kookpan en fruit de groenten daarin. Roer het gehakt erdoor en bak mooi kruimig. Laat 15 minuten doorstoven tot al het vocht verdampt is.
2. Blus met de rode wijn en breng op smaak met laurier, peper, zout, tijm en oregano. Laat de wijn bijna volledig indampen en meng de tomatenpuree erdoor. Laat nog even doorstoven en overgiet met de bouillon.
3. Laat met het deksel op de pan nog minstens 2 uur zachtjes sudderen. Roer geregeld even door en giet er nog wat bouillon bij als de saus te droog wordt.

Bechamelsaus

Moeilijkheidsgraad: gemakkelijk
Bereidingsduur: 15 minuten

Ingrediënten voor 4 porties:

1/2 l volle melk
50 g gezeefde bloem
50 g boter

2 eierdooiers
nootmuskaat
zout en versgemalen peper

1. Smelt de boter en roer de bloem erdoor. Bereid een blonde roux en giet de koude melk erop. Gebruik altijd warme roux met koude melk of koude roux met hete melk, anders wil de saus niet indikken! Laat op een laag pitje indikken en blijf roeren om klontvorming te voorkomen. Neem van het vuur en roer de eierdooiers erdoor.
2. Kruid met peper, zout en nootmuskaat.

Paddestoelensaus

Moeilijkheidsgraad: gemakkelijk
Bereidingsduur: 30 minuten + ca. 30 minuten koken

Ingrediënten voor 4 porties:

50 g cantharellen
50 g eekhoorntjesbrood
50 g oesterzwammen
50 g shii-take
50 g boleten
2 lente-uien
1 eetl gesnipperd bieslook

50 g boter
6 eetl droge witte wijn
2 dl vleesbouillon (blokje
* vleesbouillon in 2 dl water)*
6 eetl room
zout en versgemalen peper

1. Hou de paddestoelen heel kort onder de koude kraan en snijd ze kleiner.
2. Snijd de lente-uitjes in dunne ringen. Verhit de boter in een kookpan en fruit er de lente-uitjes in. Voeg de paddestoelen toe, draai het vuur hoger en laat meefruiten tot al het vocht verdampt is. Kruid met peper en zout, blus met de wijn en laat deze volledig inkoken.
3. Overgiet met bouillon en room en laat op hoog vuur nog wat indikken. Roer het bieslook erdoor en gebruik meer zout en peper indien nodig.

Zalmsaus

Moeilijkheidsgraad: gemakkelijk
Bereidingsduur: 25 minuten

Ingrediënten voor 4 porties:
250 g gekookte zalm
50 g geraspte parmezaanse kaas
1/2 l bechamelsaus(zie pag. 3)
2 eetl verse gehakte dille
nootmuskaat
zout en versgemalen peper

1. Maak een klassieke bechamelsaus en roer er de klein gesneden en zorgvuldig ontgrate zalm door met de parmezaanse kaas en dille.
2. Kruid met peper, zout en nootmuskaat. Garneer met een takje verse dille.

Tomatensaus

Moeilijkheidsgraad: gemakkelijk
Bereidingsduur: 25 minuten

Ingrediënten voor 4 porties:
1 groot blik gepelde tomaten
1 knoflookteentje
2 sjalotten
4 eetl olijfolie
6 basilicumblaadjes
2 eetl parmezaanse kaas
zout en versgemalen peper

1. Pel het knoflookteentje en de sjalotten en hak ze fijn. Verhit de olie in een kookpan en stoof er de knoflook en de sjalotten in.
2. Pureer de tomaten en voeg ze met hun sap bij de knoflook en de sjalotten. Was de basilicumblaadjes, hak ze fijn en doe ze er eveneens bij.
3. Laat op hoog vuur 5 minuten inkoken. Draai het vuur lager en laat nog 5 minuten sudderen tot de saus dik en smeuïg wordt en de olie naar boven komt drijven. Nu en dan even omroeren en van het vuur nemen als de saus begint te borrelen. Breng op smaak met zout en peper en strooi de parmezaanse kaas erover.

Olijvensaus

Moeilijkheidsgraad: gemakkelijk
Bereidingsduur: 25 minuten
  +30 minuten laten sudderen

Ingrediënten voor ca. 2 1/2 dl:
8 eetl olijfolie
250 g gepelde tomaten uit blik
2 knoflookteentjes
1 Spaans pepertje
1 eetl kappertjes
100 g ontpitte zwarte olijven
1 gehakt peterselietakje
1 snufje zout

1. Pel de teentjes knoflook en plet ze. Verhit de olijfolie in een kookpan en laat de knoflook daarin bruin kleuren.
2. Snijd het pepertje doormidden en haal de zaadjes eruit. Spoel kort onder de kraan en hak het dan fijn. Roer het door de olijfolie.
3. Roer er de geprakte tomaten eveneens door en kruid met zout. Laat met een deksel op de pan op een laag pitje 30 minuten sudderen tot de saus gebonden is.
4. Roer er de uitgelekte kappertjes, de gehakte olijven en de peterselie door. Laat even doorwarmen en serveer.

Ricotta- en hamsaus

Moeilijkheidsgraad: gemakkelijk
Bereidingsduur: 20 minuten

Ingrediënten voor 4 porties:
6 eetl boter
2 preien (alleen het wit)
1 geplet knoflookteentje
125 g magere gekookte ham
250 g ricotta of petit gervais
   of mascarpone
1 1/2 dl zure room
versgemalen witte peper

Was de prei en snijd in ringetjes. Verhit de boter in een kookpan en fruit er de prei en de geplette knoflook in. Voeg er de in blokjes gesneden ham bij en laat kort meefruiten. Meng de ricotta met de room tot een gladde saus en kruid met peper. Roer door het preimengsel en laat zachtjes doorwarmen.

Tonijnsaus

Moeilijkheidsgraad: gemakkelijk
Bereidingsduur: 20 minuten

Ingrediënten voor 4 porties:
200 g tonijn naturel uit blik
60 g gepelde walnoten
geraspte citroenschil
1 theel worcestersaus
4 eetl gehakte peterselie
4 basilicumblaadjes
2 dl olijfolie
zout en versgemalen zwarte peper

1. Pureer de uitgelekte tonijn met de walnoten, de citroenschil, de worcestersaus, de peterselie en het fijngehakte basilicum.
2. Roer tot een gladde smeuïge saus en klop er in straaltjes de olijfolie door.
3. Kruid met zout en peper en serveer bij warme pasta's.

Paprikasaus

Moeilijkheidsgraad: gemakkelijk
Bereidingsduur: 20 minuten
*   + 15 minuten stoven*

Ingrediënten voor 4 porties:
1 kg rode, gele en groene paprika's
6 eetl olijfolie
4 knoflookteentjes
zout en versgemalen peper

1. Was de paprika's, verwijder de zaden en de zaadlijsten, en snijd in reepjes. Pel de koflookteentjes en hak fijn.
2. Verhit de olijfolie in een kookpan en laat daarin de paprika's en de knoflook kleuren.
3. Laat met het deksel op de pan 10 minuten zacht stoven. Haal het deksel van de pan, breng op smaak met peper en zout en laat nog vijf minuten doorstoven.

Genovese saus

Moeilijkheidsgraad: gemakkelijk
Bereidingsduur: 30 minuten
    + 2 1/2 uur stoven

Ingrediënten voor 4-6 porties
1 kg mager rundvlees
100 g rauwe ham met zwoerd
2 kg uien
1 wortel
1 selderijstengel
1 dl olijfolie
1 glas droge witte wijn
1 bouillonblokje opgelost in
    2 dl warm water
zout en versgemalen peper

1. Snijd de uien in dunne ringen. Hak de wortel, selderij en ham heel fijn.
2. Verhit de olie in een pan die groot genoeg is om het vlees en de groenten te bevatten. Fruit ham en groenten al roerend in hete olijfolie en leg het vlees erin. Bedek het volledig met de uien. Overgiet met water en kruid met peper en zout.
3. Laat op matig vuur al roerend stoven tot het vlees begint te kleuren.
4. Draai het vuur heel laag en laat nu het vlees heel zachtjes in twee uur gaar stoven en voeg geregeld een scheut bouillon en wijn bij om aanzetten te voorkomen. Keer het vlees geregeld om in de pan. Serveer het vlees in plakken gesneden bij de saus, die door de pasta wordt gemengd.

Romige kaassaus

Moeilijkheidsgraad: gemakkelijk
Bereidingsduur: 15 minuten

Ingrediënten voor 4 porties:
2 1/2 dl verse room
50 g boter
200 g geraspte parmezaanse kaas
versgemalen zwarte peper

1. Smelt de boter in een kookpan. Meng de room met de helft van de kaas door de boter en hou warm.
2. Meng vervolgens eerst de rest van de kaas door de pasta en dan pas de roomsaus. Bestrooi royaal met zwarte peper.

Macaroni met paddestoelen

Moeilijkheidsgraad: gemakkelijk
Bereidingsduur: 30 minuten

Ingrediënten voor 4 porties:

500 g macaroni of een andere pasta
500 g verse paddestoelen naar keuze
  (oesterzwammen, boleten, hoorn des
  overvloeds, enz.)
3 eetl olijfolie

2 gehakte knoflookteentjes
1 eetl citroensap
2 eetl gehakte peterselie
zout en versgemalen zwarte peper

1. Verhit 2 eetlepels olijfolie in een kookpan en fruit er de knoflook in. Voeg er de gewassen en klein gesneden paddestoelen bij. Breng op smaak met peper en zout en laat met het deksel op de pan 5 minuten doorstoven. Breng op smaak met citroensap en peterselie en hou warm.
2. Breng 2 liter water aan de kook, voeg er een theelepel zout en een eetlepel olijfolie aan toe. Kook de pasta beetgaar, giet af, laat even uitdruipen in een zeef en doe dan in een kom. Meng met de paddestoelen en dien onmiddellijk op.

Farfalle met zalm

Moeilijkheidsgraad: gemakkelijk
Bereidingsduur: 30 minuten

Ingrediënten voor 4 porties:

400 g farfalle (vlinderpasta)
5 eetl olijfolie
250 g zalm uit blik
1/4 l tomatensaus (zie pag. 4)

1 Spaans pepertje
1 knoflookteentje
2 eetl gehakte peterselie
zout en versgemalen peper

1. Verhit de 4 eetlepels olie in een kookpan en fruit de fijngehakte knoflook goudbruin. Neem die uit de pan en doe de verkruimelde en uitgelekte zalm erin. Laat een paar minuten stoven en meng met de tomatensaus. Snijd het pepertje doormidden, haal de zaadjes eruit en spoel even onder de kraan. Hak het pepertje klein en meng het door de saus. Kruid met zout en peper en laat 5 minuten sudderen.
2. Breng 2 liter water aan de kook, voeg er een theelepel zout en een eetlepel olijfolie aan toe. Kook de pasta beetgaar, giet af, laat even uitdruipen in een zeef en doe dan in een kom. Meng de saus erdoor, bestrooi met peterselie en dien onmiddellijk op.

Lasagne verde in de oven

Moeilijkheidsgraad: gemakkelijk
Bereidingsduur: 80 minuten

Ingrediënten voor 4 porties:
300 g groene lasagne
1 ui
1 wortel
1 selderijstengel
1 knoflookteentje
4 eetl olijfolie
125 g kalfsgehakt
100 g spekreepjes
4 eetl tomatenpuree
4 dl bechamelsaus
  (zie pag. 3)
60 g parmezaanse kaas
75 g boter
nootmuskaat
zout en versgemalen peper

Bologna is het culinaire centrum van Italië. Volgens de Bolognezers zou lasagne verde uit hun stad afkomstig zijn. Op de foto: het beroemde Neptunusbeeld in het centrum van Bologna.

1. Snijd de groenten en de knoflook fijn. Verhit 3 eetlepels olijfolie in een kookpan en fruit er de groenten en de knoflook in. Roer het gehakt erdoor en laat 10 minuten kleuren. Meng de spekreepjes erdoor en laat een paar minuten meestoven.
2. Roer de tomatenpuree goed los en laat 30 minuten met het gehakt meesudderen. Kruid met peper en zout.
3. Breng in een kookpan 2 liter water aan de kook en doe er een theelepel zout en een eetlepel olijfolie bij. Kook de lasagne beetgaar in de op de verpakking aangegeven tijd. Laat uitlekken op een schone keukendoek. Zet de oven op 225 °C.
4. Verwarm de bechamelsaus en meng met de helft van de parmezaanse kaas en nootmuskaat.
5. Bedek de bodem van een beboterde ovenschotel met lasagneblaadjes, schep er wat van beide sauzen op, bestrooi met parmezaanse kaas en leg er een klontje boter op. Herhaal tot alles op is. Bak 20 minuten in de voorverwarmde oven.

Lasagne met groenten

Moeilijkheidsgraad: gemakkelijk ° *Bereidingsduur: 80 minuten*

Ingrediënten voor 4 porties:

500 g lasagnevellen
150 g doperwten
1 wortel
150 g sperziebonen
2 preien (alleen het wit)
1 selderijstengel

4 vleestomaten
50 g boter
3 eetl gehakte peterselie
4 dl room
50 g geraspte parmezaanse kaas
zout en versgemalen peper

1. Was de groenten en snijd ze in stukken. Laat de tomaten enkele seconden in heet water schrikken. Pel ze en snijd ze doormidden. Haal de zaadjes eruit en prak de tomaten fijn. Laat alles met een deksel op de pan 15 minuten op een laag pitje sudderen. Kruid met peper en zout, en laat nog 5 minuten doorstoven.
2. Roer de helft van de room door de groentesaus en laat indikken. Zet de oven op 220 °C. Doe de lasagnevellen in 2 liter kokend water en kook ze beetgaar in de op de verpakking aangegeven tijd. Laat ze even drogen.
3. Beboter een ovenschaal. Leg op de bodem een laagje lasagnevellen. Schep daarop een laag groentesaus en bestrooi met peterselie en de geraspte kaas. Herhaal tot alle ingrediënten opgebruikt zijn. Bak 25-30 minuten in de oven.

Fettuccine met paprika's

Moeilijkheidsgraad: gemakkelijk ° *Bereidingsduur: 30 minuten + 40 minuten stoven*

Ingrediënten voor 4 porties:

500 g fettuccine of een andere pasta
3 rode paprika's
3 groene paprika's

3 eetl olijfolie
3 knoflookteentjes
1 gehakte ui
zout en versgemalen peper

1. Verhit 2 eetlepels olie in een kookpan en fruit de gehakte knoflook en de ui erin. Voeg er de ontpitte en klein gesneden paprika's bij, kruid met peper en zout. Laat met een deksel op de pan 40 minuten zacht stoven tot de paprika's heel zacht geworden zijn. Wrijf door een fijne zeef en hou warm.
2. Breng in een kookpan 2 liter water aan de kook en doe er een theelepel zout en een eetlepel olijfolie bij. Kook de fettuccine beetgaar in de op de verpakking aangegeven tijd. Giet af in een vergiet, laat even uitlekken en doe in een schotel. Meng met de paprika's en serveer meteen.

Macaroni met vier kaassoorten

Moeilijkheidsgraad: gemakkelijk   °   Bereidingsduur: 25 minuten

Ingrediënten voor 4 porties:

500 g macaroni
50 g gorgonzola
50 g bel paese
50 g parmezaanse kaas
50 g pecorino
200 g gerookte ham
1 eetl olijfolie
50 g boter
1 glas droge witte wijn
1/8 l room
1 scheut cognac
1 eetl gehakte peterselie
zout en versgemalen peper

1. Verhit de boter in een kookpan en fruit de in blokjes gesneden ham erin. Blus met de wijn. Rasp alle kazen en roer door de room. Roer tot een gladde smeuïge saus en breng op smaak met cognac, zout en peper.
2. Breng in een kookpan 2 liter water aan de kook en doe er een theelepel zout en een eetlepel olijfolie bij. Kook de macaroni beetgaar in de op de verpakking aangegeven tijd, giet af in een vergiet, laat even uitlekken en doe in een voorverwarmde kom. Overgiet met de kaassaus, meng met de hamblokjes en bestrooi met peterselie. Serveer meteen.

Macaroni met knoflook en olie

Moeilijkheidsgraad: gemakkelijk   °   Bereidingsduur: 25 minuten

Ingrediënten voor 4 porties:

400 g macaroni
1 dl olijfolie
5 knoflookteentjes
4 blaadjes basilicum
zout en zwarte peper

1. Verhit de olijfolie in een kookpannetje; laat niet aan de kook komen. Snijd de knoflookteentjes in kleine blokjes, voeg ze bij de olie en laat 3 à 4 minuten stoven. Versnipper de basilicumblaadjes en meng ze door de olijfolie.
2. Breng in een kookpan 2 liter water aan de kook en doe er een theelepel zout en een eetlepel olijfolie bij. Kook de macaroni beetgaar in de op de verpakking aangegeven tijd. Giet de macaroni af, laat even uitdampen en doe in een voorverwarmde kom. Overgiet dan met de olie met knoflook. Bestrooi royaal met zwarte peper en serveer onmiddellijk.

Pappardelle met paddestoelensaus

Moeilijkheidsgraad: gemakkelijk
Bereidingsduur: 30 minuten + 30 minuten kooktijd

Ingrediënten voor 4 porties:

300 g pappardelle (brede lintspaghetti)
250 g eekhoorntjesbrood of andere paddestoelen (event. gedroogd)
4 rijpe tomaten
2 sjalotten
2 knoflookteentjes
50 g geraspte parmezaanse kaas
50 g boter
5 eetl olijfolie
1 eetl gehakte peterselie
zout en versgemalen peper

1. Spoel de paddestoelen even onder de koude kraan. Droog ze, snijd ze doormidden en zet ze weg. Dompel de tomaten 20 seconden in heet water, ontvel ze, snijd ze doormidden en haal er de zaadjes uit. Hak ze klein.
2. Verhit de olie in een kookpan. Pel en hak de sjalotten en de knoflook en laat ze bakken in de olie, voeg de tomaten toe, meng en roer er dan de paddestoelen door. Kruid met peper en zout en laat 30 minuten sudderen.
3. Breng 2 liter water aan de kook, voeg er een theelepel zout en een eetlepel olijfolie aan toe. Kook de pappardelle beetgaar, giet af in een vergiet en laat uitdruipen. Doe in een kom. Meng met de boter en de paddestoelensaus. Bestrooi met parmezaanse kaas en peterselie, en dien onmiddellijk op.

Penne met kaas en tomaten

Moeilijkheidsgraad: gemakkelijk
Bereidingsduur: 20 minuten + 20 minuten bakken in de oven

Ingrediënten voor 4 porties:

600 g penne
1/2 l tomatensaus (zie pag. 4)
100 g geraspte parmezaanse kaas
250 g mozzarella
8 eetl paneermeel
1 eetl olijfolie

1. Breng 2 l water aan de kook; voeg er een theelepel zout en een eetlepel olie aan toe. Doe er de penne bij en kook die beetgaar. Giet af in een vergiet, laat even uitlekken en doe in een schaal. Zet de oven op 200 °C.
2. Hou een deciliter van de tomatensaus apart en meng de rest met een derde van de kaas door de warme penne. Schep de helft van de pasta in een beboterde schaal, bedek met plakjes mozzarella, de rest van de tomatensaus en een derde van de parmezaanse kaas. Schep daarop de rest van de penne en bestrooi met de overgebleven parmezaanse kaas en paneermeel. Bak 15-20 minuten in de oven en dien op.

Penne met ham en asperges

Moeilijkheidsgraad: gemakkelijk
Bereidingsduur: 30 minuten

Ingrediënten voor 4 porties
500 g penne
250 g verse asperges
150 g gekookte ham
100 g geraspte parmezaanse kaas
3 eetl olijfolie
3 dl room
zout en versgemalen peper

1. Schil de asperges en kook ze gaar in een 1/2 liter water. Laat ze uitlekken en snijd ze in stukjes.
2. Verhit 2 eetlepels olijfolie in een kookpan en roer de aspergestukjes erdoor met de in reepjes gesneden ham en de room. Laat vijf minuten indikken en kruid met peper en zout.
3. Breng 2 liter water aan de kook; voeg er een theelepel zout en een eetlepel olijfolie aan toe. Doe er de penne bij en kook beetgaar. Giet af in een vergiet, laat even uitlekken en doe in een warme schaal met de romige aspergesaus. Serveer apart een schaaltje parmezaanse kaas.

Penne met pikante kruiden

Moeilijkheidsgraad: gemakkelijk
Bereidingsduur: 25 minuten

Ingrediënten voor 4 porties
500 g penne (pijpmacaroni)
1 rood Spaans pepertje
2 knoflookteentjes
400 g tomaten
3 eetl olijfolie
1 eetl gehakte peterselie
1 snufje zout

1. Verhit 2 eetlepels olijfolie in een koekenpan en fruit de gesnipperde knoflook daarin. Voeg er de gepelde, ontpitte en klein gesneden tomaten bij. Laat 10 minuten sudderen. Kruid met zout.
2. Snijd het pepertje doormidden, haal er de zaadjes uit en spoel kort onder de kraan. Versnipper het en roer het met de peterselie bij de tomaten.
3. Breng 2 liter water aan de kook; voeg er een theelepel zout en een eetlepel olijfolie aan toe. Doe er de penne bij en kook die beetgaar. Giet af in een vergiet, laat even uitlekken en doe in een voorverwarmde kom. Doe er de saus bij en dien onmiddellijk op.

Ravioli met champignonsaus

Moeilijkheidsgraad: gemakkelijk ° *Bereidingsduur: 30 minuten*

Ingrediënten voor 4 porties:

400 g kant en klare ravioli
250 g parmaham
250 g champignons
1 gehakte ui
sap van 2 citroenen
1 glas droge witte wijn
50 g boter
1 dl room
4 eetl olijfolie
1 toef gehakte peterselie
zout en versgemalen peper

1. Verhit 3 eetlepels olijfolie in een koekenpan en fruit de ui daarin. Laat de in reepjes gesneden ham kort meestoven. Voeg er de in plakjes gesneden champignons bij en laat kort fruiten. Bedruip met citroensap en blus met witte wijn. Roer er de room en de boter door. Kruid met peper en zout. Laat kort indikken.
2. Breng 2 l water aan de kook; voeg er een theelepel zout en een eetlepel olijfolie aan toe. Doe er de ravioli bij en kook die beetgaar. Giet af in een vergiet, laat even uitlekken en doe in een voorverwarmde kom. Doe er de champignonsaus bij, bestrooi met peterselie en dien onmiddellijk op.

Ravioli met geitenkaas

Moeilijkheidsgraad: gemakkelijk ° *Bereidingsduur: 40 minuten*

Ingrediënten voor 4 porties:

1 kg bloem (voor het pastadeeg)
13 eieren
350 g zachte verse geitenkaas
100 g geraspte parmezaanse kaas
100 g boter
1 eetl gehakt basilicum
1 eetl oregano
1 eetl olijfolie
zout en versgemalen zwarte peper

1. Mix de geitenkaas met 3 eieren, de parmezaanse kaas en de helft van de boter. Roer er gehakt basilicum en oregano door, wat zout en peper en laat opstijven in de koelkast.
2. Zeef de bloem op een werkoppervlak. Doe er een voor een de overige 10 eieren bij en meng. Blijf mengen en kneden tot de pasta glad is (ca. 7 min).
3. Rol het deeg uit tot twee lange dunne lappen en schep op een ervan met een koffielepel bolletjes vulling met een tussenruimte van 4 cm. Bedek met de tweede deeglap. Druk aan rond de vulling en ga er dan met een rolmesje langs. Druk de randen van de ravioli aan met de tanden van een vork.
4. Kook de ravioli drie minuten in kokend gezouten water (voeg er 1 eetlepel olie aan toe), giet af, laat uitlekken en doe in een kom. Meng met de rest van de boter en serveer met een dikke tomatensaus.

Spaghetti met broccoli

Moeilijkheidsgraad: gemakkelijk
Bereidingsduur: 30 minuten

Ingrediënten voor 4 porties:

400 g spaghetti
750 g broccoli
6 ansjovisfilets
4 eetlepels olijfolie

2 knoflookteentjes
1/2 Spaans pepertje
zout, peper

1. Was de broccoli, verdeel in kleine roosjes en kook ze. Hou warm.
2. Hak de ansjovisfilets klein. Verhit de olie in een pannetje en bak daar de ansjovis en de gehakte knoflook in. Prak tot een gladde, smeuïge saus. Was het pepertje, snijd het doormidden en haal de zaadjes eruit. Hou het even onder stromend water, hak het fijn en meng met de ansjovis. Voeg de broccoli toe en schep om.
3. Breng 2 liter water aan de kook; voeg er een theelepel zout, wat peper en een eetlepel olijfolie aan toe. Doe er de spaghetti bij en kook die beetgaar. Giet af in een vergiet, laat uitlekken en doe in een voorverwarmde kom. Meng met de broccoli en dien op.

Spaghetti met basilicum en olijven

Moeilijkheidsgraad: gemakkelijk
Bereidingsduur: 35 minuten

Ingrediënten voor 4 porties:

600 g spaghetti
100 g ontpitte zwarte olijven
3 knoflookteentjes

3 takjes vers basilicum
5 eetl olijfolie
50 g boter
100 g geraspte parmezaanse kaas

1. Breng 2 liter water aan de kook; voeg er een theelepel zout en een eetlepel olijfolie aan toe. Doe er de spaghetti bij en kook die beetgaar. Giet af in een zeef, laat even uitlekken en doe in een voorverwarmde kom.
2. Pel de knoflookteentjes en hak ze fijn. Was de basilicumblaadjes. Plet de knoflook met basilicum in een vijzel tot een gladde pasta. Giet er met straaltjes de olijfolie bij en roer tot een gladde saus. Hak de olijven klein.
3. Meng de spaghetti met de boter, de basilicumpasta en olijven. Serveer de parmezaanse kaas er apart in een schaaltje bij.

Spaghetti met eieren en spek

Moeilijkheidsgraad: gemakkelijk
Bereidingsduur: 25 minuten

Ingrediënten voor 4 porties:

500 g spaghetti
250 g buikspek (pancetta)
6 eetl geraspte pecorinokaas
6 eidooiers

3 eetl geraspte parmezaanse kaas
3 eetl olijfolie
1 Spaans pepertje
zout en versgemalen peper

1. Snijd het pepertje doormidden, verwijder de zaadjes en spoel even onder de kraan. Versnipper het dan.
2. Verhit 2 eetlepels olijfolie in een kookpan met dikke bodem. Snijd het buikspek in stukken van ca. 2 cm; bak het met het pepertje in de olijfolie tot het goudbruin gekleurd is.
3. Breng 2 l water aan de kook; voeg er een theelepel zout en een eetlepel olie aan toe. Doe er de spaghetti bij en kook beetgaar. Giet af in een vergiet, laat even uitlekken en doe in een kom. Bewaar 8 eetlepels van het kooknat.
4. Meng de pecorino met het kookwater van de spaghetti en klop er met een vork de eidooiers door. Kruid met peper en zout. Meng het spek door de spaghetti, roer het eiermengsel erdoor en schep goed om. Bestrooi met parmezaanse kaas en serveer.

Spaghetti met basilicumsaus

Moeilijkheidsgraad: gemakkelijk
Bereidingsduur: 20 minuten

Ingrediënten voor 4 porties:

500 g spaghetti
1/2 kg sperziebonen
2 vastkokende aardappelen

1/2 l basilicumsaus (zie pag. 2)
1 theel zout

1. Schil de aardappelen en snijd ze in fijne blokjes. Breng water met zout aan de kook, doe de schoongemaakte boontjes erin. Laat 5 minuten koken.
2. Voeg de aardappelblokjes erbij en 2 minuten later de spaghetti. Laat op het vuur tot de spaghetti beetgaar gekookt is en giet dan af. Schep over in een warme voorverwarmde serveerschaal en meng met de basilicumsaus.

Spaghetti met venusschelpjes

Moeilijkheidsgraad: gemakkelijk
Bereidingsduur: 30 minuten

Ingrediënten voor 4 porties:
600 g spaghetti
2 kg verse venusschelpjes
 of 1/2 kg venusschelpjes uit blik
8 eetl olijfolie
6 gehakte knoflookteentjes
4 eetl gehakte peterselie
zout en versgemalen peper

1. Spoel de venusschelpjes onder de koude kraan. Doe ze in een kookpan met dikke bodem met 4 eetlepels water. Kook ze op matig vuur tot de schelpen opengaan. Neem ze met een schuimspaan uit de pan. Haal het vlees uit de schelpen en hou warm. Zeef het kooknat en laat inkoken tot 4 eetlepels.
2. Verhit 7 eetlepels olie in een pan en fruit daarin de gehakte knoflook met wat peper.
3. Breng 2 liter water aan de kook, voeg er een theelepel zout en een eetlepel olijfolie aan toe. Doe er de spaghetti bij en kook die beetgaar. Giet af in een vergiet, laat even uitlekken en doe in een voorverwarmde kom. Overgiet met de knoflook-olie, het kooknat van de schelpen en de schelpdieren zelf. Bestrooi met peterselie en serveer.

Spaghetti op Bolognese wijze

Moeilijkheidsgraad: gemakkelijk
Bereidingsduur: 20 minuten

Ingrediënten voor 4 porties:
600 g spaghetti
1 l Bolognese saus (zie pag. 2)
150 g geraspte parmezaanse kaas

1 eetl olijfolie
1 theel zout

1. Breng 2 liter water aan de kook; voeg er een theelepel zout en een eetlepel olijfolie aan toe. Doe er de spaghetti bij en kook die beetgaar. Giet af in een vergiet, laat even uitlekken en doe in een voorverwarmde kom.
2. Overgiet de spaghetti met de Bolognese saus en strooi er de geraspte parmezaanse kaas royaal overheen. Dien onmiddellijk op.

Spaghetti met zeevruchten in papillot

Moeilijkheidsgraad: gemakkelijk
Bereidingsduur: 30 minuten
  + 20 minuten koken en bakken

Ingrediënten voor 4 porties
400 g spaghetti
1/2 kg mosselen
1/2 kg verse venusschelpjes
  of kokkels
150 g grote gepelde garnalen
  of scampi's
100 g inktvis in ringen
1 blik gepelde tomaten
1 glas droge witte wijn
5 eetl olijfolie
2 knoflookteentjes
1 rood Spaans pepertje
4 eetl gehakte peterselie
zout en versgemalen peper

Een van de vele tientallen kleine haventjes in Zuid-Italië, die belangrijk zijn voor de plaatselijke markten.

1. Kook de schoongemaakte schelpdieren met vier eetlepels water tot ze opengaan. Haal het vlees uit de schelpen.
2. Pel de knoflookteentjes en hak ze fijn. Snijd het pepertje doormidden, haal er de zaadjes uit, spoel onder de kraan en hak dan fijn.
3. Verhit de olie in een kookpan en fruit de knoflook en het pepertje erin. Voeg de inktvis en de garnalen erbij als de knoflook begint te kleuren. Voeg 5 minuten later de mosselen, de kokkels en de tomaten erbij. Overgiet met wijn. Laat 10 minuten stoven. Voeg de peterselie en naar smaak zout en peper toe. Zet de oven op 220 °C.
4. Breng 2 liter water aan de kook; voeg er een theelepel zout en een eetlepel olijfolie aan toe. Doe er de spaghetti bij en kook die beetgaar. Giet af in een vergiet en laat even uitlekken.
5. Bedek de bakplaat van de oven met een dubbel vel aluminiumfolie en vouw de randen naar boven. Schep de deegwaren met de zeevruchtensaus in het midden. Vouw zorgvuldig de papillot dicht en laat 8 minuten bakken in de oven. Dien onmiddellijk op.

Tagliatelle met ham

Moeilijkheidsgraad: gemakkelijk
Bereidingsduur: 20 minuten

Ingrediënten voor 4 porties:

500 g tagliatelle (lintmacaroni)
250 g magere gekookte ham
1/4 l room
100 g boter
100 g geraspte parmezaanse kaas
nootmuskaat
1 eetl olijfolie
zout en versgemalen peper

1. Snijd de ham in kleine blokjes. Giet de room in een kookpannetje en meng met de ham, de helft van de kaas en de boter. Breng op smaak met nootmuskaat, zout en peper. Laat indikken tot een saus.
2. Breng 2 liter water aan de kook, voeg er een theelepel zout en een eetlepel olijfolie aan toe. Doe er de tagliatelli bij en kook beetgaar. Giet af in een vergiet, laat even uitlekken en doe in een voorverwarmde kom. Overgiet met de saus en de rest van de kaas, en serveer meteen.

Tagliatelle met gerookte zalm

Moeilijkheidsgraad: gemakkelijk
Bereidingsduur: 25 minuten

Ingrediënten voor 4 porties:

600 g tagliatelle (lintmacaroni)
200 g gerookte zalm
1 sjalot
30 g boter
1 eetl olijfolie
2 dl room
2 takjes gehakte dille
versgemalen zwarte peper

1. Pel de sjalot en hak die fijn. Verhit de boter in een kookpannetje en fruit daarin de sjalot tot hij glazig is. Snijd de helft van de zalm in stukjes. Doe die samen met de room bij de sjalot in de pan. Laat op een laag pitje doorwarmen en pureer met de staafmixer.
2. Snijd de rest van de zalm in fijne reepjes.
3. Breng 2 liter water aan de kook, voeg er een theelepel zout en een eetlepel olijfolie aan toe. Doe er de tagliatelle bij en kook die beetgaar. Giet af in een vergiet, laat even uitlekken en doe in een voorverwarmde kom. Overgiet met de saus en meng met de zalmreepjes. Breng op smaak met peper. Bestrooi met dille en serveer meteen.

Tagliatelle van de zeeman

Moeilijkheidsgraad: gemakkelijk ° *Bereidingsduur: 30 minuten*

Ingrediënten voor 4 porties:

400 g tagliatelle (lintmacaroni)
200 g gepelde garnalen
200 g inktvisringen
100 g magere gekookte ham
1 dl groene olijfolie
2 uien
1 wortel
1/4 knolselderij
1/2 l tomatensaus
1 glas rode wijn
2 knoflookteentjes
4 basilicumblaadjes
1 Spaans pepertje
zout en versgemalen peper

1. Verhit de olijfolie in een kookpan. Snijd de ham in blokjes. Was de groenten en het pepertje en snijd ze klein. Doe de ham en de groenten bij de olie. Overgiet met tomatensaus en rode wijn. Pel de knoflookteentjes en hak ze fijn. Roer ze met de inktvisringen bij de rest van de saus.
2. Laat onder deksel 30 minuten sudderen. Breng op smaak met het fijngesneden basilicum, zout en peper. Meng met de garnalen.
4. Breng 2 liter water aan de kook; voeg er een theelepel zout en een eetlepel olijfolie aan toe. Doe er de tagliatelle bij en kook ze beetgaar. Giet ze af in een vergiet, laat even uitlekken en doe ze in een voorverwarmde kom. Overgiet met de saus en serveer meteen.

Tortellini met noten

Moeilijkheidsgraad: gemakkelijk ° *Bereidingsduur: 30 minuten*

Ingrediënten voor 4 porties:

400 g groene (of witte) tortellini
250 g gepelde walnoten
3 knoflookteentjes
2 dl olijfolie
1 dl verse room
2 eetl gehakte marjolein
zout en versgemalen peper

1. Hak de noten fijn; hou een viertal hele noten opzij.
2. Pel de knoflookteentjes en hak ze fijn. Verhit de olie in een koekenpan en fruit daarin de gesnipperde knoflook.
3. Meng er de gehakte en de hele walnoten door en voeg er vervolgens de verse room bij. Breng op smaak met peper, zout en marjolein en laat indikken.
4. Kook de tortellini beetgaar in 2 l water waar 1 theelepel zout en 1 eetlepel olijfolie aan zijn toegevoegd. Giet de tortellini af, laat uitdruipen, en doe ze dan in een voorverwarmde kom. Meng de saus erdoor en dien op.

Italiaanse Visrecepten

Vissoep *(Zuppa di pesce)*

Moeilijkheidsgraad: gemakkelijk
Bereidingstijd: 1 uur en 15 minuten

Ingrediënten voor 4 porties

300 g mosselen
1 kg schoongemaakte visfilet (diverse soorten)
300 g schoongemaakte inktvis
8 gepelde scampi's
2 vleestomaten
1 ui
2 blokjes visbouillon opgelost in 2 l warm water
het sap van 1 citroen
2 geplette teentjes knoflook
2 dl droge witte wijn
2 sneetjes wit brood
8 eetl olijfolie
1 mespuntje suiker
tijm
zout en versgemalen zwarte peper

Een visser in Portofino herstelt zijn netten. Zijn vangst heeft hij verkocht aan de restaurants op de kade.

1. Verhit 4 eetlepels olijfolie in een grote kookpan. Maak de mosselen schoon en doe ze in de kookpan en strooi er wat peper overheen. Laat ze met het deksel erop 5 tot 8 minuten koken tot de schelpen opengaan. Haal de mosselen uit de schelpen, leg ze apart en zeef het kooknat in een kommetje.
2. Snijd de visfilet in schuine reepjes, bedruip met het citroensap en marineer 15 minuten.
3. Snijd de schoongemaakte inktvis in ringen.
4. Verhit 4 eetlepels olijfolie in een grote kookpan. Was de tomaten, snijd ze in tweeën, ontpit ze en snijd ze in kleine stukjes. Schil de ui en snijd in smalle ringen. Schil de knoflookteentjes en hak ze klein. Fruit de stukjes tomaat, de uiringen en de knoflookstukjes in de kookpan. Kruid met tijm, suiker, zout en zwarte peper en stoof 5 minuten flink door, met het deksel half op de pan.
5. Blus met witte wijn en giet de visbouillon en het gezeefde mosselnat erbij. Laat alles 10 minuten pruttelen, voeg er de inktvis bij en na 10 minuten de stukken vis en de scampi's.
6. Laat de soep 15 minuten pruttelen. Kruid bij indien nodig en voeg de mosselen toe. Laat nog twee minuten zachtjes koken.
7. Bak de sneetjes brood aan beide kanten goudbruin in olijfolie, leg ze in soepborden en schep de soep erop. Serveer onmiddellijk.

Tonijn in tomatensaus *(Tonno fresco in umido)*

Moeilijkheidsgraad: gemakkelijk ° Bereidingsduur: een dik halfuur

Ingrediënten voor 4 porties:
4 moten verse tonijn van elk 200 g
1/2 l tomaten uit blik
1 ui
2 teentjes knoflook
3 eetl bloem
4 eetl olijfolie
4 eetl peterselie
1 eetl citroensap
zout en versgemalen zwarte peper

1. Spoel de vis onder de kraan en dep droog. Bestrooi alle zijden met bloem. Bak ze aan elke kant 3 minuten in een braadpan met twee eetlepels olijfolie. Haal ze uit de pan en leg ze op keukenpapier om uit te lekken.
2. Hak de ui en de knoflook fijn. Verhit de rest van de olijfolie in een ruime kookpan en fruit daarin de ui en de knoflook. Doe er de helft van de peterselie bij en breng op smaak met citroensap, peper en zout. Laat nog twee minuten bakken.
3. Draai de tomaten door de roerzeef en doe ze bij de ui, de knoflook en de peterselie in de pan. Laat 8 minuten doorkoken. Doe er de 4 moten tonijn bij en laat 15 minuten sudderen. Keer de vis af en toe om.
4. Schik de moten op vier borden, giet de saus erover en garneer met peterselie.
Bij dit gerecht uit de Marken past een wijn uit dezelfde streek: de Verdicchio.

Gestoofde vis op de wijze van Genua
(Stoccafisso alla Genovese)

Moeilijkheidsgraad: gemakkelijk
Voorbereiding: 15 minuten ° Kooktijd: 1 uur

Ingrediënten voor 4 porties:
1 kg gezouten kabeljauw
4 ansjovisfilets uit blik
50 g pijnboompitten
1 wortel, geschraapt en klein gesneden
1 grote, fijngehakte ui
4 tenen gehakte knoflook
20 zwarte olijven
1 glas droge witte wijn
2 eetl gehakte peterselie
4 eetl olijfolie
versgemalen zwarte peper

1. Doe 2 liter lauw water in een ruime kookpan en laat de kabeljauw hier 1 uur in weken. Giet het water weg, doe er de wijn bij en vul aan met water tot de vis onderstaat. Breng aan de kook. Zet het vuur lager en laat 1 uur pruttelen.
2. Giet het water af en maak het visvlees los van de graten.
3. Doe 2 eetlepels olie in een braadpan en fruit de ui en de wortel gaar. Doe er de olijven, de knoflook en de ansjovis bij en laat nog 5 minuten pruttelen.
4. Voeg de stukken vis bij het mengsel in de braadpan en bak 5 minuten. Roer er voorzichtig de pijnboompitten en de peterselie bij en breng op smaak met zwarte peper. Serveer onmiddellijk, bijvoorbeeld met pasta of polenta.
Probeer eens een fruitige Chardonnay-wijn uit Alto Adige.

Paling met laurier (Anguilla alla Luciana)

Moeilijkheidsgraad: gemakkelijk
Bereidingsduur: 25 minuten

Ingrediënten voor 4 porties

1 kg paling, schoongemaakt
12 blaadjes laurier
1/2 eetl olijfolie
3 teentjes knoflook, fijngehakt
zout en versgemalen peper

1. Wrijf de binnenzijde van een bruine, aardewerken pot in met de olijfolie. Zet de oven op 220 °C.
2. Was de palingen grondig, dep ze droog en verwijder de koppen en de staarten. Snijd de palingen in stukken van 5 cm. Bedek de bodem van de pot met stukken paling. Leg er de laurierbladeren bovenop en strooi er de knoflook overheen. Leg daarop de overige stukken, bedek ze eveneens met laurierbladeren en strooi er de rest van de knoflook over.
3. Zet de pot zonder deksel een halfuur in de oven. Voel met een prikker of de vis gaar is. Haal uit de oven. Verwijder de laurierbladeren. Breng op smaak met zout en peper.

Probeer bij dit heerlijke gerecht een wijn uit de Valle d'Aosta.

Gegrilde paling (Anguilla ai ferri)

Moeilijkheidsgraad: zeer gemakkelijk
Marinade: 2 uur ° Bereidingsduur: 30 minuten

Ingrediënten voor 4 porties

4 palingen van elk 200 g
1 dl olijfolie
2 eetl azijn
1 theel kristalsuiker
1 eetl gehakte peterselie
zout en versgemalen peper

1. Was de palingen grondig, dep ze droog, verwijder koppen, staarten en ruggengraten. Snijd de vis in stukken van 6 cm, open ze in het midden en druk ze zo plat mogelijk.
2. Maak een marinade van de olijfolie, de azijn, de kristalsuiker, zout en peper. Marineer hierin de stukken vis 2 uur.
3. Leg de stukken paling onder de grill. Gril 15 minuten aan de velkant en 10 minuten aan de andere kant. Bestrooi met de peterselie en dien onmiddellijk op, bijvoorbeeld met gegrilde polenta.

Probeer hierbij een Valpolicella, een eenvoudige Chianti of een Chianti classico.

Gekruide visspiesjes *(Spiedino di grandi pesci)*

Moeilijkheidsgraad: gemakkelijk
Bereidingsduur: 30 minuten ° Marinade: 2 uur

Ingrediënten voor 4 porties:

1 kg filet van stevige vissoorten (tong, zalm, kabeljauw, staartvis, enz.)
1/2 glas droge witte wijn
3 eetl olijfolie
2 eetl citroensap
1 eetl balsamienazijn
1 eetl fijn gehakte peterselie
1 eetl fijn gehakte salie
zout en cayennepeper

1. Doe de wijn in een diepe schotel. Doe er het citroensap, de balsamienazijn, de peterselie, de salie, de olijfolie, wat zout en een halve theelepel cayennepeper bij. Roer de ingrediënten goed door elkaar. Voeg de vis bij de marinade en laat 2 uur staan.
2. Laat de vis uitlekken en rijg hem aan 4 lange spiezen, telkens afwisselend een soort.
3. Zet de spiezen 5 minuten onder de ovengrill. Bestrijk ze regelmatig met de marinade. Dien op met rucolasla.

Probeer bij dit gerecht een Soave-wijn uit Veneto.

Zeebaars met olijven *(Branzino alle olive)*

Moeilijkheidsgraad: zeer gemakkelijk ° Bereidingsduur: 25 minuten

Ingrediënten voor 4 porties:

4 zeebaarzen van elk 250 g, schoongemaakt
4 ansjovisfilets uit blik, fijn gehakt
4 eetl gezeefde tomaat
4 stevige trostomaten, in blokjes gesneden
4 eetl gehakte peterselie
4 eetl olijfolie
20 zwarte olijven
2 teentjes fijn gehakte knoflook
zout en versgemalen zwarte peper

1. Verhit 3 eetlepels olijfolie in een grote braadpan en bak de vissen 7 minuten aan elke kant. Haal ze uit de pan en houd ze warm.
2. Verhit nog 1 eetlepel olijfolie in dezelfde pan en bak daarin de knoflook, de ansjovis, de peterselie en de olijven gedurende 3 minuten. Roer alles tot een stevige puree.
3. Voeg de gezeefde tomaat en de tomaten bij de puree, en leg er de vissen terug bij. Laat 10 minuten koken; 5 minuten aan elke kant. Breng op smaak met zout en versgemalen zwarte peper.

Heerlijk hierbij zijn de Pinot Bianco- en Chardonnay-wijnen uit Trentino en Alto Adige.

Zeebaars uit Livorno *(Branzino alla Livornese)*

Moeilijkheidsgraad: gemakkelijk
Bereidingsduur: 35 minuten

Ingrediënten voor 4 porties:

4 zeebaarzen van elk 200 g
100 g gekookte ham
100 g zwarte olijven
4 eetl tomatenpuree
sap van 1 citroen
4 druppels worcestersaus
1 bosje dragon
20 lente-uitjes
1 kopje tarwebloem
4 eetl olijfolie
een paar takjes peterselie
1 glas droge witte wijn
1 blokje vleesbouillon in 1 glas warm water
zout, versgemalen zwarte peper

De rijk gevulde etalage van een vishandelaar in Noord-Italië.

1. Maak de baarzen schoon of laat ze door de vishandelaar schoonmaken (d.w.z. ingewanden eruit).
2. Bestrooi de baarzen met zout en peper. Meng de druppels worcestersaus door het citroensap en giet dit mengsel over de baarzen. Laat tien minuten op een koele plaats intrekken.
3. Leg een paar takjes dragon in de buikholte van de vissen. Strooi de bloem op een werkvlak en wentel er de vissen in.
4. Zet de oven op 200 °C. Verdeel 2 eetlepels olijfolie op de bodem van een grote ovenschotel en leg daar de baarzen op. Laat ze ongeveer 15 minuten in de oven gaar bakken, tot de bovenzijde mooi goudbruin wordt.
5. Verhit de rest van de olijfolie in een kleine kookpan. Spoel de lente-uitjes en snijd ze in stukjes. Laat ze fruiten in de olijfolie tot ze glazig worden. Voeg er de in kleine blokjes gesneden ham en de in vieren gesneden olijven aan toe. Laat even mee fruiten in de kookpan.
6. Roer de tomatenpuree door het mengsel van ham, olijven en uitjes. Blus met de witte wijn en de vleesbouillon. Breng op smaak met een beetje zwarte peper en wat zout.
7. Was de peterselie en hak hem fijn. Voeg hem bij de saus en laat nog even op een laag vuur napruttelen.
8. Giet de saus in een ruime, ovale schotel. Schik daar de baarzen op. Serveer met gekookte aardappelen of rijst.

Tip: In plaats van baarzen kunnen voor dit recept ook andere zoetwatervissen gebruikt worden.

Zeebaars in witte wijn (Branzino al vino bianco)

Moeilijkheidsgraad: zeer gemakkelijk ° Bereidingsduur: een halfuur

Ingrediënten voor 4 porties:

2 zeebaarzen van elk 500 g
2 glazen droge witte wijn
2 glazen lauw water waarin 2 eetl zout opgelost zijn
1 glas olijfolie
3 eetl citroensap
1 eetl gehakte peterselie
1 eetl gehakte oregano
versgemalen zwarte peper

1. Doe alle ingrediënten in een ruime kookpan en breng aan de kook.
2. Zet het vuur lager en laat nog tien minuten pruttelen. Keer de vissen om en laat nog eens tien minuten pruttelen. Haal de vissen uit de pan en droog ze met keukenpapier.
3. Dien onmiddellijk op met spaghetti of rijst.

Bij de zeebaars passen diverse goede witte wijnen uit Orvieto (Umbrië) of San Geminiano (Toscane).

Zeebaars met artisjokken (Branzino con arancio e carcio)

Moeilijkheidsgraad: zeer gemakkelijk
Bereidingsduur: een halfuur

Ingrediënten voor 4 porties:

600 g gefileerde zeebaars
150 g bleekselderij
2 verse artisjokken
2 sinaasappelen
6 eetl olijfolie
3 eetl citroensap
zout en versgemalen zwarte peper

1. Spoel de vis onder de kraan, dep droog, snijd in stukken van 4 cm en bestrooi met wat zout en peper. Breng water aan de kook en laat daarin de filet in 6 tot 7 minuten gaar koken.
2. Schep de vis op een grote, platte schaal. Laat afkoelen en ontvel.
3. Snijd de bleekselderij in kleine schijfjes. Verwijder de stelen, de bladeren en het hooi van de artisjokken, zodat alleen de harten overblijven. Snijd ze in brede repen. Schil de sinaasappelen en verdeel in partjes.
4. Verdeel de artisjokken, de sinaasappelpartjes en de bleekselderij over de visfilet. Bedruppel met de olijfolie en het citroensap, breng op smaak met zout en peper en dien onmiddellijk op.

Schenk bij deze zeebaars een Orvieto-wijn uit Umbrië, indien mogelijk een Classico.

Kabeljauw met spinazie en tagliatelle
(Merluzzo con spinaci e tagliatelle)

Moeilijkheidsgraad: gemakkelijk
Bereidingsduur: 25 minuten

Ingrediënten voor 4 porties:

4 moten kabeljauwfilet
250 g spinazie
1/2 blokje visbouillon in 2 dl water
2 dl room
50 g bakboter
2 eetl mosterd
400 g groene tagliatelle, beetgaar
zout en versgemalen zwarte peper

1. Verwarm de oven voor op 180 °C.
2. Los de bouillonblokjes op in kokend water. Pocheer de visfilet 8 tot 10 minuten in de bouillon, neem uit de pan en laat uitlekken. Kruid met peper en zout en snijd in stukjes.
3. Blancheer de spinazie kort in kokend water en laat uitlekken.
4. Kook de tagliatelle gedurende 4 tot 5 minuten.
5. Meng de room goed met de mosterd. Meng de vis en de helft van de mosterd-crème met de tagliatelle.
6. Besmeer een ovenschotel met 30 g boter en bedek de bodem met het tagliatelle-mengsel. Bedek alles met spinazie. Overgiet daarna met de rest van de mosterd-crème, leg 20 g boter er in vlokjes gesneden bovenop en gratineer in de oven.
Een uitstekende wijn hierbij is de Cortese di Gavi uit Piëmont.

Dipsaus met ansjovis en knoflook
(Bagna caôda)

Moeilijkheidsgraad: zeer gemakkelijk
Bereidingsduur: 15 minuten

Ingrediënten voor 4 porties:

200 g gezouten ansjovis uit blik, uitgelekt
1 dl olijfolie
150 g boter
6 teentjes knoflook, geperst

1. Neem een aardewerken pot en doe daar de boter, de olijfolie en de knoflook in. Zet op een laag vuur en laat langzaam smelten.
2. Hak de ansjovis fijn en voeg hem bij de gesmolten boter. Laat sudderen tot ook de ansjovis opgelost is. Klaar is de dipsaus.
Dien op met in fijne repen gesneden groenten: b.v. wortelen, lente-uitjes, bloemkoolroosjes, bleekselderij, gele paprika, broccoli enz. Serveer met veel brood.
Kies een droge witte wijn of rode wijn.

Farfalle met zalm *(Farfalle con salmone)*

Moeilijkheidsgraad: gemakkelijk ° Bereidingsduur: 30 minuten

Ingrediënten voor 4 porties:

400 g farfalle (vlinderpasta)
250 g zalm in eigen nat
1/4 l tomatensaus (event. klaargemaakt)
1 Spaans pepertje
5 eetl olijfolie
1 knoflookteentje
2 eetl gehakte peterselie
zout en versgemalen peper

1. Verhit de 4 eetlepels olie in een pan en fruit de knoflook goudbruin. Neem uit de pan en doe de verkruimelde en uitgelekte zalm erin. Laat een paar minuten stoven en meng met de tomatensaus. Snijd het pepertje doormidden, haal de zaadjes eruit en spoel even onder de waterkraan. Hak het pepertje klein en meng het in de saus. Kruid met zout en laat 5 minuten sudderen.
2. Breng 2 liter water aan de kook, voeg er een theelepel zout en een eetlepel olijfolie aan toe. Kook hierin de deegwaren beetgaar, giet ze af, laat ze even uitdruipen in een zeef en doe ze in een kom. Meng de saus met de pasta, bestrooi met peterselie en dien onmiddellijk op.

Bij deze zalm hoort een goede rosé-wijn, bijvoorbeeld een Ciro Rosato, of een Chardonnay uit Trentino of Alto Adige.

Gerookte zalm met spaghetti

Moeilijkheidsgraad: gemakkelijk   *(Salmone affumicato e spaghetti)*
Bereidingsduur: 25 minuten

Ingrediënten voor 4 porties:

600 g spaghetti
200 g gerookte zalm
1 sjalot
2 dl verse room
30 g boter
1 eetl olijfolie
zout en versgemalen zwarte peper

1. Pel de sjalot en hak fijn. Verhit de boter in een kookpannetje en fruit daarin de sjalot tot ze glazig is. Snijd de helft van de zalm in stukjes. Doe die samen met de room bij de sjalot in de pan. Laat op een laag pitje doorwarmen en pureer met de staafmixer. Snijd de rest van de zalm in fijne reepjes.
2. Breng twee liter water aan de kook, voeg er een theelepel zout en een theelepel olijfolie aan toe. Doe er de spaghetti bij en kook beetgaar. Giet af, laat even uitlekken en doe in een voorverwarmde kom. Overgiet met de saus en meng met de zalmreepjes. Serveer meteen.

Heerlijk hierbij is een strogele Cinque-Terrewijn van de gelijknamige kuststreek in Ligurië.

Gebakken tonijn met basilicum
(Tonno fritto al basilico)

Moeilijkheidsgraad: gemakkelijk
Bereidingsduur: 25 minuten

Ingrediënten voor 4 porties:

4 tonijnmoten van elk 200 g
20 kerstomaten
100 g zwarte olijven
4 gesnipperde teentjes knoflook

1 eetl gehakte oregano
8 blaadjes vers basilicum
3 eetl olijfolie
zout en versgemalen zwarte peper

1. Om de tonijnmoten tijdens het bakken in model te houden, kunt u elke moot met garen rondom opbinden. Bestrooi de moten met wat zout en peper. Snijd de kerstomaten doormidden. Versnipper de helft van de blaadjes basilicum.
2. Verhit een grote koekenpan en verdeel er de olijfolie in. Laat de knoflook er 30 seconden in fruiten. Bak de tonijnmoten 5 minuten per kant. Laat de kerstomaten, het versnipperde basilicum, de oregano en de olijven 1 minuut meebakken.
3. Leg de tonijnmoten op een groot, voorverwarmd bord, en schik de kerstomaten, de olijven en de basilicumblaadjes erbij. Maak het keukengaren los. Overgiet met het braadvocht en serveer onmiddellijk. Geef er gekookte rijst bij.

Bij dit gerecht past een rode wijn met karakter, b.v. een Bardolino uit Veneto.

Gemarineerde sardines *(Sardine in carpione)*

Moeilijkheidsgraad: gemakkelijk ° Bereidingsduur: 20 minuten

Ingrediënten voor 4 porties

16 sardines, schoongemaakt
1/2 glas droge witte wijn
1 ui, klein gehakt
1 tomaat, in dunne schijfjes gesneden
1 blaadje laurier
1 eetl citroensap

3 eetl witte rozijnen
1 eetl pijnboompitten
1 eetl bloem
1 theel kristalsuiker
8 eetl witte-wijnazijn
8 eetl olijfolie

1. Verhit 2 eetlepels olijfolie in een koekenpan. Bestrooi de sardines aan alle zijden met de bloem. Bak ze in de pan tot ze knapperig zijn. Schik ze in een schotel.
2. Verhit de rest van de olijfolie in een kleine kookpan. Fruit daarin eerst de gehakte ui, voeg er dan de tomaten, de pijnboompitten, de rozijnen en het laurierblad aan toe en laat 3 tot 4 minuten sudderen. Doe er de wijn, de suiker, het citroensap en de wijnazijn bij en giet over de vissen. Laat minstens 3 uur intrekken en dien op als voorgerecht met stokbrood.

Een lichte wijn uit Friuli of Trentino passen goed bij dit gerecht

Spaghetti met tonijn *(Spaghetti al tonno)*

Moeilijkheidsgraad: gemakkelijk
Bereidingsduur: 25 minuten

Ingrediënten voor 4 porties:

250 g tonijn in olie (uit blik)
4 ansjovisfilets in olie (uit blik)
400 g spaghetti
4 stevige tomaten
50 g peterselie
3 teentjes knoflook
4 eetl olijfolie
4 eetl kappertjes
4 basilicumblaadjes
zout en versgemalen peper

Basilicum is in Italiaanse gerechten een van de meest gebruikte keukenkruiden.

1. Laat de tonijn uitlekken en haal de stukken uit elkaar. Laat de ansjovis uitlekken en prak fijn. Was de peterselie en hak fijn. Pel de knoflookteentjes en hak fijn. Laat de tomaten schrikken in heet water, ontvel ze, snijd ze doormidden en haal de pitten eruit. Snijd in kleine blokjes.
2. Verhit 2 eetlepels olijfolie in een kleine pan. Doe de gehakte peterselie, de knoflook, de tomaten en de ansjovis in de pan en breng op smaak met zout en peper. Laat ruim 10 minuten sudderen op een laag vuur, met het deksel op de pan, tot de inhoud helemaal gaar is.
3. Doe 2 1/2 liter water in een grote kookpan en voeg er 1 theelepel zout en 2 eetlepels olijfolie bij. Breng het water aan de kook. Doe er de spaghetti bij en kook volgens de instructies op de verpakking. De pasta moet wel al dente gekookt zijn.
4. Schep de stukken tonijn en de kappertjes voorzichtig door de saus. Laat nog 5 minuten sudderen.
5. Giet de spaghetti af en laat even goed uitlekken. Giet er dan de saus over, garneer met blaadjes basilicum en dien onmiddellijk op.

Een schitterende witte wijn hierbij is de Lugana van de Trebbiano-druif, afkomstig uit de streek ten zuiden van het Gardameer, gedeeltelijk gelegen in Veneto en gedeeltelijk in Emilia-Romagna.

Zeeduivel in witte wijn *(Coda di rospo al vino bianco)*

Moeilijkheidsgraad: gemakkelijk ° Bereidingsduur: 45 minuten

Ingrediënten voor 4 porties:
4 zeeduivelfilets van elk 200 g
1 grote ui, fijn gesneden
1 selderijstengel, fijn gesneden
2 1/2 dl droge witte wijn
6 eetl olijfolie
1 takje rozemarijn
1 eetl fijn gehakte peterselie
3 teentjes knoflook
1 theel gehakte salie
2 eetl bloem
zout en versgemalen zwarte peper

1. Verhit de olijfolie en fruit de knoflook, de ui, de selderij en de peterselie in een diepe braadpan. Spoel de visfilet en droog ze met keukenpapier. Strooi de bloem op een schaal en haal de visfilets erdoor.
2. Doe de visfilets in de braadpan bij de kruiden en bak ze 5 minuten aan elke kant.
3. Leg de visfilets in een diepe ovenschotel, giet de witte wijn erbij, kruid met salie en zet gedurende 20 minuten in een voorverwarmde oven van 200 °C.
4. Giet de visfond in een apart klein pannetje, laat tot de helft inkoken en giet terug bij de visfilets. Dien onmiddellijk op.

Een Chardonnay-wijn past uitstekend bij dit gerecht, bijvoorbeeld uit Alto Adige.

Zeeduivel met citroen en kappertjes

Moeilijkheidsgraad: gemakkelijk   *(Coda di rospo piccata)*
Bereidingsduur: minder dan een half uur

Ingrediënten voor 4 porties:
800 g zeeduivelfilet, in plakken van 1 cm dik
80 g bloem
6 eetl droge witte wijn
3 eetl olijfolie
3 eetl citroensap
3 eetl gehakte peterselie
4 schijfjes citroen
2 eetl kappertjes
zout en versgemalen zwarte peper

1. Spoel de vis onder de kraan en dep droog.
2. Doe de bloem in een grote schaal. Haal de visfilet erdoor. Strooi ook wat zout en peper op de filet.
3. Verhit de olijfolie in een grote braadpan. Bak de vis aan beide zijden goudbruin. Schep op een schaal en houd warm.
4. Doe de wijn, de kappertjes, de peterselie en het citroensap in de braadpan en laat gedurende 5 minuten inkoken. Giet de saus over de vis, garneer met de schijfjes citroen en dien onmiddellijk op, bijvoorbeeld met rijst.

Bij dit gerecht uit Lazio hoort een beroemde witte wijn uit Lazio: de Frascati.

Gegratineerde zeetong *(Sogliola gratinata)*

Moeilijkheidsgraad: heel gemakkelijk
Bereidingsduur: 25 minuten

Ingrediënten voor 4 porties:

4 zeetongen van elk 200 g, schoongemaakt en ontveld
8 eetl pecorino-kaas
8 eetl olijfolie
8 eetl broodkruim of paneermeel
1 teentje knoflook, fijn gehakt
2 eetl gehakte peterselie
zout en versgemalen peper

1. Snijd de zeetongen in het midden langs de hoofdgraat in. Leg ze op de bakplaat. Zet de oven op 200 °C.
2. Meng de knoflook, de peterselie en het broodkruim en verdeel het mengsel langs de insnede. Druppel wat olijfolie op de rug van de vissen. Strooi hier de pecorino overheen en zet alles 15 minuten in de oven. Serveer onmiddellijk met gebakken aardappelen of aardappelkroketten.

Zwaardvis onder de grill *(Pesce spada alla griglia)*

Moeilijkheidsgraad: gemakkelijk
Marineerduur: 1 uur ° Bereidingsduur: 15 minuten

Ingrediënten voor 4 porties:

4 moten zwaardvis van elk 200 g
3 teentjes knoflook, fijn gehakt
3 eetl verse muntblaadjes, fijn gehakt
1 citroen, in dunne schijfjes gesneden
6 eetl olijfolie
1 eetl citroensap
3 eetl gehakte peterselie
zout en versgemalen zwarte peper

1. Spoel de moten vis onder de kraan en dep droog. Leg ze op een schaal.
2. Doe het citroensap, de olijfolie, de gehakte muntblaadjes en de gehakte knoflook in een kom en meng er wat zout en peper door. Giet over de moten vis en laat 1 uur afgedekt in de koelkast marineren.
3. Leg de moten op de ovenrooster en gril ze 2 tot 3 minuten aan iedere kant.
4. Schik de moten zwaardvis op vier borden, garneer met de schijfjes citroen en de gehakte peterselie, en dien op met spaghetti of rijst.
Een witte Orvieto-wijn past hier uitstekend bij.

Zeebrasem met aardappelen

Moeilijkheidsgraad: zeer gemakkelijk   *(Orata con patate al forno)*
Bereidingsduur: ruim 1 uur

Ingrediënten voor 4 porties:

1 zeebrasem van 1 kg, schoongemaakt
800 g jonge aardappelen
6 eetl droge witte wijn
2 teentjes knoflook
6 eetl olijfolie
1 citroen, in partjes gesneden
6 blaadjes salie, fijn gehakt
zout en versgemalen zwarte peper

1. Spoel de vis onder de kraan. Laat 15 minuten weken in water met 1 eetlepel zout. Schil de aardappelen en snijd ze in vieren. Pel de knoflook en hak fijn.
2. Droog de vis met keukenpapier, bestrooi van binnen en van buiten met peper, zout en de gehakte knoflook. Zet de oven op 200 °C.
3. Verdeel 3 eetlepels olijfolie over een grote ovenschaal. Schik er de aardappelen in, strooi de salie hierover, druppel er wat olijfolie op en breng op smaak met zout en peper. Laat 15 minuten bakken in de oven. Haal de schaal eruit en leg de vis op de aardappelen en besprenkel met de wijn. Zet terug in de oven voor 30 minuten. Sprenkel er regelmatig wat witte wijn en de rest van de olijfolie over.
4. Schik de vis op een schotel en garneer met aardappelen en citroenpartjes.

Probeer bij dit gerecht een uitgesproken fruitige Verdicchio uit de Marken.

Karper met olijven *(Triglie al cartoccio)*

Moeilijkheidsgraad: gemakkelijk ° Marinade: 1 uur ° Bereidingsduur: een halfuur

Ingrediënten voor 4 porties:

4 karpers van elk 200 g, schoongemaakt
80 g zwarte, ontpitte olijven
4 teentjes knoflook
6 eetl olijfolie
6 eetl citroensap
6 eetl witte wijn
2 laurierbladeren, fijn versnipperd
zout en grof gemalen zwarte peper

1. Verwijder de schubben van de vissen, spoel ze en dep ze droog.
2. Hak de knoflook fijn. Meng met het citroensap, 5 eetlepels olijfolie, zwarte peper en versnipperde laurierbladeren. Sprenkel dit over de vissen en zet ze een uur in de koelkast. Draai ze na een halfuur om.
3. Zet de oven op 200 °C. Neem een groot stuk aluminiumfolie, bestrijk de binnenzijde met de resterende olijfolie. Hak de olijven klein.
4. Schik de vissen naast elkaar in de aluminiumfolie en strooi er peper, zout en olijven over. Besprenkel met witte wijn. Sluit de aluminiumfolie en druk de randen goed dicht. Zet 20 minuten in de oven en dien op in de aluminiumfolie.

Probeer eens een Lambrusco-wijn, maar geen zoete!

Gepaneerde forelfilets (Filetti di trotta in cotoletta)

Moeilijkheidsgraad: gemakkelijk ° Marinade: 1 uur ° Bereidingsduur: 15 minuten

Ingrediënten voor 4 porties:

8 forelfilets van elk 100 g
3 dl melk
2 eieren
8 eetl bloem

8 eetl broodkruim of paneermeel
4 eetl olijfolie
1 citroen, in schijfjes gesneden
1 eetl gehakte peterselie
zout en versgemalen peper

1. Spoel de filets onder de kraan en leg ze ruim een uur in de melk waar een theelepel zout aan toegevoegd is. Giet de melk af en dep de filets droog.
2. Kluts de twee eieren. Spreid de bloem uit op een werkvlak. Wentel de filets eerst door de bloem, dan door het geklutste ei en tenslotte door het broodkruim.
3. Verhit de olijfolie in de braadpan. Bak de visfilets daarin goudbruin. Verdeel ze over 4 borden, leg er een of twee schijfjes citroen bij en strooi er wat gehakte peterselie overheen. Serveer met gekookte aardappelen of aardappelkroketten.

Een uitstekende wijn hierbij is de Pinot Grigio uit Trentino of Alto Adige.

Harder met venkel (Muggini con legumi)

Moeilijkheidsgraad: gemakkelijk ° Bereidingsduur: 45 minuten

Ingrediënten voor 4 porties:

800 g harder, ontschubd en schoongemaakt
1 venkelknol
3 stevige tomaten
1 bleekselderij, klein gesneden
1 ui, klein gehakt
2 teentjes knoflook, fijn gehakt

1 glas droge witte wijn
6 eetl olijfolie
25 g boter
2 eetl citroensap
1 theel fijn gehakte tijm
1 eetl fijn gehakte peterselie
zout en versgemalen zwarte peper

1. Spoel de vissen onder de kraan en dep ze droog. Snijd in moten van 4 cm dik. Besprenkel met citroensap en bestrooi met zout. Verwijder de stengels van de venkel, snijd in vieren en kook 12 minuten in 1/2 l water. Laat uitlekken. Laat de tomaten in heet water schrikken, ontvel ze, snijd ze door, ontpit ze en snijd ze klein.
2. Verhit 4 eetlepels olijfolie in een koekenpan en bak de venkel, de tomaten, de bleekselderij, de knoflook en de ui 3 minuten op een hoog vuur. Doe de wijn erbij en laat nog 5 minuten sudderen. Zet de oven op 200 °C.
3. Wrijf een ovenschotel in met olijfolie. Doe er de vis en de groenten in. Bestrooi met tijm, peterselie, zout en peper, en verdeel er vlokjes boter over. Zet 25 minuten in de oven en dien dan meteen op.

Bij dit gerecht past een droge, fruitige Chardonnay uit de Adige-vallei.

Visschotel uit Calabrië *(Pesce alla Calabrese)*

Moeilijkheidsgraad: gemakkelijk
Bereidingsduur: iets meer dan een halfuur

Ingrediënten voor 4 porties:

800 g visfilet
   (tonijn, kabeljauw, zalm, makreel, enz.)
500 g zeeschelpen (mosselen, clams en kokkels)
400 g stevige tomaten
1 courgette
2 uien
2 teentjes knoflook
1 tak bleekselderij
4 kleine wortelen
4 eetl olijfolie
1 eetl visbouillon, opgelost in 1/2 l warm water
2 eetl gehakte peterselie
1 theel tijm
zout en versgemalen zwarte peper

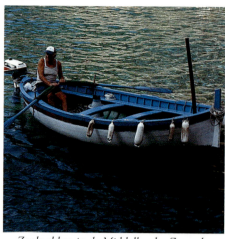

Zoals elders in de Middellandse Zee gebeurt de visvangst in Italië nog in belangrijke mate met kleine visserssloepen.

1. Spoel de visfilet onder de kraan en dep droog. Snijd de filet in stukken van 3 tot 4 cm. Spoel de zeeschelpen heel grondig onder de kraan en laat uitlekken.
2. Pel de uien en de teentjes knoflook en hak fijn. Schraap de wortelen en snijd in dunne schijfjes. Was de bleekselderij en snijd klein. Was de courgette en snijd in kleine blokjes. Laat de tomaten onder heet water schrikken en ontvel ze. Snijd ze doormidden en haal de pitten eruit. Snijd tenslotte in kleine blokjes.
3. Verhit de olijfolie in een grote kookpan. Fruit daarin de ui en de knoflook. Doe er alle groente behalve de tomaat en de courgette bij. Laat kort bakken. Giet de visfond bij de groenten en laat ruim 15 minuten op een laag vuur sudderen met een deksel op de pan. Doe er nu de tijm, de tomaat en courgette bij en laat nog eens 5 minuten sudderen. Doe de schelpen erbij en zet het vuur wat hoger. Na enkele minuten gaan de schelpen open. Gooi alle niet-geopende schelpen weg. Doe nu de stukken vis in de pan en breng op smaak met zout en peper. Laat alles nog 3 tot 4 minuten koken en haal dan de pan van het vuur.
4. Verdeel de vis, de schelpen en de groenten over 4 borden en garneer met de peterselie. Dien onmiddellijk op, bijvoorbeeld met een pasta of een risotto.

Dit traditionele recept uit Calabrië verdient een droge witte wijn. Zoals de meeste landstreken van Zuid-Italië produceert ook Calabrië geen droge witte wijnen, uitstekende dessertwijnen echter wel. Drink hier dus een Orvieto of een Frascati-wijn bij.

Fusilli met tonijn *(Fusilli con tonno)*

Moeilijkheidsgraad: gemakkelijk
Voorbereiding + bereidingsduur: 25 minuten

Ingrediënten voor 4 porties:

450 g tonijn uit blik, uitgelekt
400 g fusilli of andere pasta
het sap van 1 citroen
4 eetl gehakte peterselie
4 eetl kappertjes
2 teentjes knoflook, geperst
3 eetl olijfolie
zout en versgemalen peper

De laatste instructies voor de visser vertrekt om op tonijn te gaan vissen.

1. Meng de olijfolie, de geperste knoflook, de kappertjes, de gehakte peterselie en het citroensap in een kom. Doe de tonijn erbij en maak los met een vork. Schep de stukken door de saus en breng op smaak met zout en peper.
2. Doe de fusilli in 2 liter kokend water en kook al dente in 8 minuten. Giet het water af. Schep de fusilli door de tonijn en dien meteen op.
Schenk hierbij een Chardonnay-wijn uit Alto Adige.

Het Crètes-gebied ten zuidoosten van Siëna levert het graan waarmee de Italiaanse pasta wordt gemaakt.

*I*taliaanse Vleesgerechten

Biefstuk met ham en champignons

Moeilijkheidsgraad: gemakkelijk   *(Bistecchine alla napoletana)*
Bereidingsduur: 45 minuten

Ingrediënten voor 4 porties:
8 biefstukjes van de lende of de bil, 70 g elk
100 g prosciutto (b.v. Parmaham) (een dikke plak)
250 g kleine champignons
1 takje peterselie, fijngehakt
1 eetl citroensap
5 eetl olijfolie
zout en vers gemalen zwarte peper

1. Snijd de prosciutto in kleine blokjes. Verhit 3 eetlepels olijfolie in een ovenschotel, voeg de prosciutto, de champignons en wat zout en peper toe. Bak 5 minuten. Strooi de peterselie over de prosciutto en de champignons. Zet de oven op 180°C.
2. Schik de biefstukjes op de prosciutto. Bestrooi licht met peper en zout. Besprenkel vervolgens met het citroensap en de rest van de olijfolie. Zet 30 minuten in de oven. Keer na 15 minuten de biefstukjes om. Serveer met rijst of vlinderpasta.

Geroosterde steak op Florentijnse wijze

Moeilijkheidsgraad: zeer gemakkelijk   *(Costata alla fiorentina)*
Bereidingsduur: 15 minuten

Ingrediënten voor 4 porties
4 steaks, 250 g elk
1/2 eetl vers citroensap
1 eetl olijfolie
zout en versgemalen zwarte peper

1. Bestrijk het vlees aan beide kanten spaarzaam met olijfolie. Wrijf vervolgens beide kanten in met de versgemalen peper.
2. Rooster het vlees 3 à 4 minuten aan een kant boven een barbecue of grill. Bestrooi de geroosterde kant met wat zout.
3. Rooster de andere kant eveneens 3 à 4 minuten en bestrooi die dan ook met zout.
4. Besprenkel met wat citroensap en dien onmiddellijk op. Serveer met een risotto of pasta.

Rosbief in spek *(Filetto di manzo)*

Moeilijkheidsgraad: gemakkelijk
Bereidingsduur: 50 minuten

Ingrediënten voor 4 porties:

800 g rosbief
8 dun gesneden plakjes pancetta
  (eventueel bacon)

3 eetl mosterd
1 eetl boter
zout en versgemalen peper

1. Verhit de oven op 200°C. Wrijf de rosbief aan alle kanten in met zout en mosterd. Leg de plakken pancetta ertegenaan en bind het geheel vast met keukengaren.
2. Leg de rosbief in een ovenschaal en laat 25 minuten braden. Doe de oven uit en haal de schaal met de rosbief uit de oven. Doe de deur van de oven weer dicht. Bestrijk de boven- en zijkant van de rosbief met de boter en bestrooi met wat peper. Doe de schaal met rosbief weer in de oven laat nog 10 minuten in de uitgeschakelde oven staan.
3. Leg de rosbief op een snijplank. Maak het keukengaren los en snijd de rosbief in niet te dunne plakken.
4. Dien onmiddellijk op. Serveer met in boter gestoofde boontjes of spinazie.

Entrecote op de wijze van Campanië

Moeilijkheidsgraad: gemakkelijk
Bereidingsduur: 40 minuten

(Bistecca alla pizzaiola)

Ingrediënten voor 4 porties:

4 entrecotes van 250 g elk
4 tomaten
2 eetl olijfolie, 2 teentjes knoflook

2 takjes bladpeterselie, fijngehakt
1 theel gedroogde oregano
zout en versgemalen peper

1. Was de tomaten, laat ze schrikken in heet water, ontvel ze, snijd ze in vieren, verwijder de zaadjes, en hak ze klein. Pel de teentjes knoflook en hak eveneens fijn.
2. Verhit de olijfolie in een ruime koekenpan. Dep de entrecotes droog met keukenpapier en leg ze daarna in de koekenpan. Bak ze 5 minuten aan elke kant.
3. Kruid het vlees met de knoflook, wat zout en peper. Laat nog een minuut bakken. Zet het vuur lager. Voeg er de tomaten, de peterselie en de oregano aan toe. Bedek met een deksel voor 3/4 de koekenpan. Laat 20 minuten sudderen. Keer de entrecotes een paar keer om.
4. Dien onmiddellijk op. Serveer met gebakken aardappelen of gestoofde spinazie.

Kalfslapje met tonijnsaus *(Vitello tonnato)*

Moeilijkheidsgraad: niet moeilijk ° Bereidingsduur: 1 3/4 uur ° Marinade: 24 uur

Ingrediënten voor 4 porties:

800 g kalfsvlees
200 g tonijn in olijfolie uit blik
2 eieren, 1 ui, 1 wortel, sap van 1/2 citroen
1 dl olijfolie, 4 eetl verse room

1 stengel bleekselderij
2 eetl kappertjes
1 fles droge witte wijn (0,75 l)
zout en versgemalen zwarte peper

1. Pel de ui en snipper fijn. Maak de wortel schoon en hak in kleine stukken. Spoel de bleekselderij, trek de draden eraf en hak in grove stukken. Doe het vlees en de groenten in een pan. Overgiet met de wijn tot het vlees onder staat. Breng op smaak met zout en peper. Laat 24 uur afgedekt marineren op een koele plaats.
2. Breng de pan met het kalfsvlees en de wijn aan de kook en laat ruim 1 uur op laag vuur sudderen. Laat afkoelen.
3. Scheid de eierdooiers van het eiwit en doe ze in een kom. Voeg daar de tonijn (zonder de olie) en het citroensap bij. Pureer tot een homogeen mengsel. Voeg er geleidelijk aan wat bouillon uit de braadpan toe en 4 eetlepels olijfolie. Breng op smaak met peper en zout, en roer er dan ook de room en de kappertjes bij.
4. Snijd het vlees in plakken. Overgiet met de saus en serveer koud of warm.

Kalfsrolletje met ham in witte wijn

Moeilijkheidsgraad: gemakkelijk
Bereidingsduur: 30 minuten

(Saltimbocca alla romana)

Ingrediënten voor 4 porties:

8 kalfslapjes (800 g totaal)
8 flinterdunne plakken prosciutto
   (bv Parmaham)
1 dl droge witte wijn

4 eetl olijfolie (6 eetl als in 2 keer
   gebakken wordt)
1 eetl bloem, 1 ui
16 verse salieblaadjes
zout en vers gemalen zwarte peper

1. Leg op elk kalfslapje een plakje prosciutto en een salieblaadje. Rol ze op tot worstjes en maak ze vast met een cocktailprikker. Rol ze in de bloem en bestrooi met zout en peper.
2. Verhit de olijfolie in een ruime koekenpan. Bak daarin het vlees aan beide kanten goudbruin. Pel en snipper de ui en voeg toe aan het vlees. Giet er na twee minuten de wijn bij. Kruid met zout en peper. Laat 5 minuten sudderen.
3. Leg het vlees op een voorverwarmde schaal en houd warm in de oven (150°C).
4. Schraap het aanbaksel van de koekenpan los en meng dit met 3 eetlepels water. Laat 1 minuut sudderen. Giet deze saus over het vlees. Garneer met de overblijvende saliebladeren.

Ossobuco op Milanese wijze

(Ossobuco alla milanese)

Moeilijkheidsgraad: niet moeilijk
Bereidingsduur: 1 1/4 uur

Ingrediënten voor 4 porties:

4 kalfsschenkels , 4 tomaten, 2 wortelen
1 grote ui, 2 teentjes knoflook
3 stengels bleekselderij, 4 eetl olijfolie
1 blokje vleesbouillon opgelost in 5 dl water
6 eetl bloem, 3 dl witte wijn
1 theel verse tijm
1/2 theel oregano, 1 laurierblad
geraspte schil van 1 citroen
zout en versgemalen zwarte peper

1. Schil de wortelen en snijd ze in schijfjes. Pel en snipper de ui, pel de knoflookteentjes en hak fijn. Was de bleekselderij en snijd fijn. Was de tomaten en snijd in blokjes.
2. Verhit de olie in een koekenpan. Bestrooi de kalfsschenkels met zout en peper, en wentel door de bloem. Bak ze aan beide kanten bruin. Voeg de wortelen, de ui, de knoflook en de selderij toe. Laat fruiten en blus met witte wijn. Doe er het laurierblad bij. Laat alles in de pan pruttelen tot de witte wijn bijna verdampt is.
3. Giet de bouillon erbij en voeg de tomaten, de kruiden en de geraspte citroenschil toe. Laat 2 uur stoven met het deksel schuin op de pan.
4. Haal de kalfsschenkels even uit de pan, pureer de achtergebleven groentesaus in een roerzeef en giet terug in de koekenpan, leg ook het vlees terug. Verwarm het vlees in de saus.
5. Schik het vlees op een schotel en giet de saus erover. Serveer met rijst of spaghetti.

Gebraden kalfsvlees *(Arrosto di vitello al latte)*

Moeilijkheidsgraad: gemakkelijk
Voorbereiding: 25 minuten ° Kookduur: 2 uur

Ingrediënten voor 4 porties:

800 g kalfsvlees van de bil
1 1/2 liter melk
50 g in dunne repen gesneden prosciutto
1 eetl vers citroensap
25 g boter, 4 eetl olijfolie
zout en versgemalen peper

1. Verhit de boter en de olijfolie in een braadpan. Bak het vlees aan alle kanten 15 minuten. Doe er de prosciutto bij en kruid met zout en peper.
2. Giet de melk in de pan tot het vlees voor 3/4 onderstaat. Zet het vuur lager en laat 2 uur sudderen. Giet er melk bij als het vlees minder dan 1/4 onder staat.
3. Haal het vlees uit de pan, dep het droog. Besprenkel met het citroensap.
4. Snijd het vlees in dunne plakjes en serveer onmiddellijk.

Kalfskoteletten met salie

Moeilijkheidsgraad: gemakkelijk *(Nodino di vitello alla salvia)*
Bereidingsduur: 50 minuten

Ingrediënten voor 4 porties:
4 kalfskoteletten van 250 g elk
1 eetl bloem
30 g boter
4 eetl olijfolie
3 takjes salie
1 takje peterselie, fijngehakt
2 eetl van geraspte citroenschil
1 dl droge witte wijn
zout en versgemalen peper

1. Verhit de boter en olijfolie in een koekenpan. Bestuif de koteletten aan beide kanten met bloem. Doe ze in de koekenpan en bak ze 6 minuten aan elke kant.
2. Haal de koteletten uit de koekenpan. Giet de wijn in de koekenpan en voeg de saliebladeren en gehakte peterselie toe. Breng aan de kook en maak al roerend het aanbaksel van de bodem los.
3. Doe het vlees weer in de pan en strooi de geraspte citroenschil erover. Breng op smaak met peper en zout. Laat 15 minuten op een lager vuur pruttelen.
4. Serveer onmiddellijk met rijst, risotto of met gestoofde rode paprika.(risotto is niet hetzelfde als rijst, het is een soort rijst op een speciale manier bereid)

Kalfskoteletten op Milanese wijze

Moeilijkheidsgraad: zeer gemakkelijk *(Costolette alla milanese)*
Bereidingsduur: 20 minuten

Ingrediënten voor 4 porties:
4 kalfskoteletten
2 eieren
100 g broodkruim of paneermeel
50 g boter, 6 eetl olijfolie
4 citroenpartjes
zout en versgemalen peper

1. Klop de eieren op in een soepbord. Strooi de broodkruim of paneermeel op een groot plat bord.
2. Druk het vlees van de koteletten enigszins plat. Wentel ze achtereenvolgens in het ei en het broodkruim.
3. Verhit de boter en de olijfolie in een ruime koekenpan. Bak de koteletten langs elke kant gedurende ca. 5 minuten goudbruin.
4. Breng het vlees op smaak met zout en peper. Schik de koteletten op vier borden en garneer met de citroenparten. Dien onmiddellijk op.

Gebakken kalfslever met uien

Moeilijksgraad: zeer gemakkelijk
Bereidingsduur: 15 minuten

(Fegato alla veneziana)

Ingrediënten voor 4 porties:

4 dun gesneden plakken kalfslever van 200 g elk
2 kleine uien
1 eetl bloem, 30 g boter

4 eetl olijfolie
2 eetl rode wijnazijn
2 eetl fijngehakte bladpeterselie
zout en peper

1. Pel de uien en snijd in dunne plakjes. Verhit de boter en olijfolie in de koekenpan en fruit de plakjes ui tot ze glazig zijn.
2. Bestuif de plakken lever aan alle kanten met bloem. Voeg de plakken lever toe in de koekenpan en bak ze 7 minuten aan elke kant. Voeg er de wijnazijn bij en laat nog 1 minuut op een lager vuur pruttelen.
3. Breng op smaak met zout en peper. Verdeel over de borden, bestrooi met de gehakte peterselie, besprenkel met citroensap en dien onmiddellijk op.

Kalfslever met balsamicoazijn

Moeilijkheidsgraad: zeer gemakkelijk
Bereidingsduur: 12 minuten

(Fegato al balsamico)

Ingrediënten voor 4 porties:

4 dun gesneden plakken kalfslever van 200 g elk
1 eetl bloem, 30 g boter
4 eetl olijfolie

6 eetl balsamicoazijn (of 6 eetl rode-wijnazijn)
4 zwarte olijven ontpit en fijngehakt
zout en versgemalen peper

1. Verwijder eventueel het vet en het vlies van de lever. Bestuif de plakken aan alle kanten met bloem.
2. Verhit de boter en de olijfolie in de koekenpan en bak de lever 5 minuten aan elke kant. Haal de plakken lever uit de pan en hou ze warm.
3. Schraap het aanbaksel van de bodem. Voeg de balsamicoazijn en de fijngehakte olijven toe. Roer tot een stevige saus en voeg eventueel wat water toe. Kruid naar smaak met zout en peper.
4. Verdeel de lever over de borden en giet de saus erover. Serveer onmiddellijk met gebakken aardappelen, gegrilde courgette of paprika.

Kalfslapjes met prosciutto en kippenlevers

(Scaloppine alla perugiana)

Moeilijkheidsgraad: zeer gemakkelijk
Bereidingsduur: 25 minuten

Ingrediënten voor 4 porties:
4 kalfslapjes van 200 g elk
100 g kippenlevertjes
100 g prosciutto (b.v. Parmaham)
2 ansjovisfilets uit blik
2 teentjes knoflook
1 eetl vers citroensap
1 citroenschil
4 saliebladeren
4 eetl olijfolie
zout en versgemalen peper

Italië is een land van kunst en kunstenaars.

1. Zorg ervoor dat de kalfslappen niet dikker zijn dan 1 1/2 cm en klop ze eventueel met een vleeshamer plat of rol er met de zijkant van een glazen fles over. Verhit de olijfolie in een ruime koekenpan. Bak de kalflapjes 4 minuten aan elke kant tot ze mooi lichtbruin zijn. Draai het vuur lager.
2. Besprenkel de kalflapjes met het citroensap en breng op smaak met peper en zout. Bak het vlees in 6 minuten (afhankelijk van de dikte) gaar aan beide kanten. Haal het vlees uit de pan en leg het op een voorverwarmde schaal. Dek af met aluminiumfolie en houd warm in de oven.
3. Pel de knoflookteentjes en was de citroenschil. Hak de knoflook, de citroenschil, de kippenlevertjes, de prosciutto, de ansjovisfilets en 2 van de 4 saliebladeren fijn. Meng deze ingrediënten en bak ze al roerend in de koekenpan 2 à 3 minuten op hoog vuur. Verdeel het mengsel over de kalflapjes en houd warm in de oven.
4. Doe 3 eetlepels water in de koekenpan, schraap het aanbaksel op de bodem los en meng tot een vleesjus. Giet over de kalflapjes en dien onmiddellijk op.

Varkenslapjes met mozzarella en oregano

(Braciole di maiale alla pizzaiola)

Moeilijkheidsgraad: niet moeilijk
Bereidingsduur: 30 minuten
Marinade: 30 minuten

Ingrediënten voor 4 porties:

4 varkenslapjes van 250 g elk
125 g mozzarella
1 eetl gedroogde oregano
1 blokje vleesbouillon opgelost in
  1 dl heet water
250 g tomaten in blik, uitgelekt
1 1/2 glas rode wijn
5 eetl bloem
2 teentjes knoflook
30 g boter
4 eetl olijfolie
zout en versgemalen peper

Een typisch landschap in Umbrië

1. Snijd de mozzarella in flinterdunne plakjes. Pel de teentjes knoflook en hak ze fijn.
2. Leg de varkenslapjes naast elkaar in een diepe schaal. Bestrooi met peper en zout. Giet de wijn erover en laat 30 minuten marineren. Zet de oven op 200°C.
3. Pureer de tomaten. Verhit 1 eetlepel olijfolie in een steelpannetje en voeg er de tomatenpuree aan toe. Laat ca. 5 minuten op middelhoog vuur sudderen. Voeg er de knoflook aan toe en breng op smaak met peper en zout.
4. Dep de varkenslapjes droog en wentel in de bloem. Verhit de boter en olijfolie in een koekenpan. Bak het vlees aan elke kant 1 minuut, op hoog vuur. Zeef de wijnmarinade en giet het over het vlees. Zet het vuur wat lager zodra de marinade kookt. Voeg er de vleesbouillon aan toe en laat het geheel 10 minuten sudderen.
5. Leg het vlees op een ovenschaal en giet er 4 eetlepels van de wijn-bouillonsaus over. Leg plakjes mozzarella over het midden van elke lapje en schep er 1 eetlepel tomatensaus bovenop. Bestrooi met de oregano en breng eventueel op smaak met peper en zout. Zet de schaal in de oven tot de mozzarella gesmolten is.
6. Dien onmiddellijk op en serveer met de gestoofde, in repen gesneden rode en groene paprika.

Varkenslapjes met zwarte olijven

Moeilijkheidsgraad: gemakkelijk
Bereidingsduur: 50 minuten

(Braciole di maiale alle olive)

Ingrediënten voor 4 porties:

4 varkenslapjes van 200 g elk
100 g magere spek of bacon
2 teentjes knoflook
12 zwarte olijven
200 g tomaten uit blik, uitgelekt
1 ui
1 eetl oregano
1 eetl bloem
1 1/2 glas droge witte wijn
20 g boter
4 eetl olijfolie
1 takje peterselie, fijngehakt
zout en versgemalen peper

Een olijfboomgaard in Toscane bij San Quirico

1. Pel de ui en snijd in schijfjes. Pel de teentjes knoflook en hak ze fijn. Snijd de olijven doormidden en ontpit ze. Hak de tomaten in niet te kleine stukken. Snijd het spek in blokjes.
2. Bestrooi de varkenslapjes aan beide kanten met peper en zout, en vervolgens met wat bloem. Maak met een scherp mes een paar inkepingen in de vetranden van de varkenslapjes, zodat ze tijdens het bakken niet opkrullen.
3. Zet de oven op 150°C. Verhit de boter en de helft van de olijfolie in een ruime koekenpan. Bak de varkenslapjes aan elke kant 2 minuten op een hoog vuur. Giet de helft van de wijn erbij en laat 5 minuten sudderen. Leg de varkenslapjes op een ovenschaal en houd warm in de oven.
4. Verhit de rest van de olijfolie in de koekenpan en laat daarin het spek, de tomaten, de ui, de knoflook en de olijven 4 minuten bakken. Breng op smaak met peper en zout, en laat 5 minuten sudderen op een middelhoog vuur met het deksel op de koekenpan. Giet er tenslotte de rest van de wijn bij en laat nog eens 5 minuten op een hoger vuur sudderen zonder deksel op de pan.
5. Leg de varkenslapjes in de koekenpan bij de saus en laat nog eens 10 minuten sudderen. Leg een varkenslapje op elk bord en schik er de saus met de olijven en de ui omheen. Serveer onmiddellijk en geef er gestoofde groente bij.

Gebraden varkensribstuk met rozemarijn *(Arista)*

Moeilijkheidsgraad: gemakkelijk
Voorbereiding: 10 minuten
Braadtijd: 2 1/2 uur

Ingrediënten voor 8 porties:
varkensribstuk, 2 kg
1 stengel bleekselderij
6 teentjes knoflook
2 eetl rozemarijn
6 eetl olijfolie
enkele takjes rozemarijn ter decoratie
zout en versgemalen peper

In het centrum van Toscane worden varkens soms halfwild gehouden. Ze leven in de bossen rond de akkers.

1. Spoel de bleekselderij onder de kraan en snijd in dunne plakjes. Hak de rozemarijn fijn. Pel de teentjes knoflook en plet ze fijn. Meng de rozemarijn en de knoflook met wat peper en zout Zet de oven op 180°C.
2. Maak op regelmatige afstand inkepingen van 1 cm diep in het vlees. Vul ze met een gedeelte van het rozemarijn-knoflookmengsel. Meng de rest van het mengsel met een 1/2 eetlepel olijfolie en bestrijk hierbij het vlees aan alle kanten.
3. Zet het vlees in een ovenschaal en schik er de bleekselderij omheen. Laat het vlees 1 uur braden tot het in het midden roze is. Zet het vlees in een voorverwarmde schaal en dek af met aluminiumfolie. Giet de witte wijn in de nog warme ovenschaal, schraap het aanbaksel van de bodem los en meng met de wijn. Giet de saus over in een pannetje en houd warm.
4. Snijd het vlees in plakken en schik op een grote schaal. Schik er de bleekselderij omheen en garneer met de takjes rozemarijn. Serveer de saus apart. Dien onmiddellijk op.

Konijnstoofpot op Ligurische wijze

Moeilijkheidsgraad: gemakkelijk   *(Coniglio affogato alla ligure)*
Voorbereiding: 15 minuten
Braadtijd: 1 1/2 uur braden

Ingrediënten voor 4 à 6 porties:

1 versneden konijn van 1 à 1 1/2 kg
100 g zwarte olijven
1 ui
2 teentjes knoflook
1 takje rozemarijn
1 takje tijm
6 blaadjes salie
6 eetl tomatenpuree
2 glazen droge witte wijn
1 glas olijfolie
1 eetl bloem
zout en versgemalen peper

De markt van San Remo in Ligurië

1. Pel de ui en snijd in ringen. Pel de teentjes knoflook en hak ze fijn. Snijd de olijven doormidden en verwijder de pitten. Spoel de stukken konijn onder de kraan, dep ze droog met keukenpapier en bestuif ze aan alle kanten met bloem.
2. Verhit de olijfolie in een braadpan en bak het vlees bruin. Voeg de ui, de olijven, de knoflook en de kruiden toe. Laat op een middenhoog vuur 6 minuten bakken.
3. Giet de wijn en de tomatenpuree bij het vlees en breng op smaak met peper en zout. Laat 1 1/2 uur gaar stoven. Voeg nog wat wijn toe als de saus te droog wordt.
4. Dien onmiddellijk op en serveer met polenta.

Gebakken konijn *(Coniglio fritto)*

Moeilijkheidsgraad: niet moeilijk
Bereidingsduur: 50 minuten
Rijzen van het beslag: 1 uur

Ingrediënten voor 4 à 6 porties:

1 versneden konijn van 1 à 1 1/2 kg
1 glas volle melk
1 ei
100 g bloem
1 glas olijfolie
1 citroen
zout en versgemalen peper

Een typisch Toscaans landschap ten zuiden van Siena.

1. Klop het ei los in een diepe kom. Klop er de bloem bij, maar houd twee eetlepels bloem apart. Voeg er geleidelijk en al kloppend ook de melk bij. Laat 1 uur staan.
2. Spoel de stukken konijn onder de kraan, dep ze droog met keukenpapier en bestuif ze aan alle kanten met de 2 eetlepels bloem. Bestrooi met zout en peper. Haal de stukken konijn door het beslag.
3. Giet een laag van 5 mm olijfolie in een braadpan en verhit op een hoog vuur. Laat de stukken konijn er 8-9 minuten in braden. Zet het vuur lager en laat nog eens 25 minuten braden. Draai de stukken konijn regelmatig om.
4. Laat de stukken konijn op keukenpapier uitlekken. Schik ze op borden en garneer met dunne partjes citroen. Serveer met risotto of een pasta met geraspte parmezaan.

Lamsstoofschotel met aardappelen

Moeilijkheidsgraad: gemakkelijk
Voorbereiding: 40 minuten
Kookduur: 1 uur

(Agnello alla cacciatora)

Ingrediënten voor 4 porties:

800 g ontbeende lamsschouder
200 g gedroogde porcini (paddestoelen) of 300 g vers eekhoorntjesbrood
1 ui
4 eetl olijfolie
3 eetl tomatenpuree
1/2 kg aardappelen, vastkokend
1 blokje vleesbouillon, opgelost in 1/2 glas heet water
6 blaadjes verse salie
1 takje peterselie, fijngehakt
zout en versgemalen peper

Vooral in Toscane worden grote schaapskudden gehouden.

1. Laat de porcini minstens 3 uur weken in 1 liter warm water. Laat de porcini uitlekken en bewaar 1 glas van het water. Snijd het vlees in blokjes van 4 cm. Pel de ui en snijd in schijven. Schil de aardappelen en snijd in blokjes van 2 cm. Verhit de olijfolie in een koekenpan en bak het vlees aan alle kanten in 5 minuten bruin. Leg het vlees op een schaal.
3. Bak de ui en de paddestoelen onder voortdurend omscheppen 10 minuten in de koekenpan.
4. Voeg het vlees, de aardappelen, de tomatenpuree, 4 blaadjes salie, de peterselie en het glas water bij de ui en de paddestoelen in de koekenpan. Breng op smaak met zout en peper. Breng aan de kook en zet dan het vuur lager. Laat 1 uur sudderen met het deksel op de pan tot het vlees mals is.
5. Schep het vlees en de paddestoelen in een schaal en giet er de saus omheen. Garneer met de overige saliebladeren en dien onmiddellijk op.

Kipfilet in gekruide tomatensaus

Moeilijkheidsgraad: gemakkelijk *(Petti di pollo alla pizzaiola)*
Bereidingsduur: 1 uur

Ingrediënten voor 4 porties:
4 kipfilets van 200 g elk
50 g zachte kaas (bv Bel Paese)
100 g dunne plakjes pancetta
  (event. gerookte buikspek)
2 ansjovisfilets uit blik, uitgelekt
100 g tomaten in blik, uitgelekt
3 eetl olijfolie
1 teentje knoflook
2 eetl oregano
6 eetl rode wijn
zout en versgemalen peper

Gerechten met tomaten zijn de specialiteit van de provincie Campanië

1. Snijd de kaas in blokjes. Snijd de ansjovisfilets klein. Pel het teentje knoflook en hak het fijn. Zet de oven op 180°C.
2. Pureer de tomaten of prak ze fijn in een kom. Doe er de wijn, de knoflook, de oregano, de ansjovis en 2 eetlepels olijfolie bij. Kruid naar smaak met zout en peper. Meng goed.
3. Bestrijk de binnenkant van een ovenschaal met de rest van de olijfolie. Schik de kipfilets erin. Verdeel er de blokjes zachte kaas op en bedek met de plakjes pancetta of gerookte buikspek. Giet de tomatensaus eromheen. Zet de schaal 45 minuten in de oven.
4. Haal de schaal uit de oven. Schik de kipfilets op de borden en schep er de tomatensaus over. Dien onmiddellijk op.

Kip met citroen *(Pollo al limone)*

Moeilijkheidsgraad: gemakkelijk
Voorbereiding: 50 minuten
Marinade: 1 uur

Ingrediënten voor 4 porties:
2 kleine kippen, verdeeld in 8 stukken
2 teentjes knoflook
1 eetl oregano
3 eetl olijfolie
1 citroen
1 eetl balsamicoazijn
zout en versgemalen peper

Een staaltje van Italiaanse humor op de markt van Como.

1. Pel de teentjes knoflook en hak ze fijn. Pers de citroen en doe de helft van het sap in een kommetje. (De andere helft kunt u in de koelkast voor een volgende gelegenheid bewaren). Doe de knoflook, de olijfolie, de oregano en de balsamicoazijn bij het citroensap in het kommetje. Kruid met zout en peper.
2. Leg de stukken kip in een ovenschaal en giet er het mengsel van citroensap over. Laat 1 uur marineren. Zet de oven op 200°C.
3. Zet de ovenschaal 50 minuten in de oven. Draai de stukken na 25 minuten om, zodat ze aan alle kanten goudbruin zijn.
4. Schik de stukken kip in een voorverwarmde schaal. Giet het braadvocht door een fijne zeef en giet het over de kip. Dien onmiddellijk op. Serveer met gebakken aardappelen.

Duivelse kip *(Pollo alla diavola)*

Moeilijkheidsgraad: niet moeilijk ° Bereidingsduur: 20 minuten ° Marinade: 2 uur

Ingrediënten voor 4 à 6 porties:

2 kleine kippen, langs de borstkant opengesneden
1 1/2 dl olijfolie
2 eetl citroensap
zout en versgemalen zwarte peper

1. Als de kippen al niet opengesneden zijn, snijd u ze in de lengte langs het borstbeen open. Duw de twee kanten open en leg ze op de werktafel met de open kant naar onderen. Plet elke kip met de kant van een zwaar keukenhakmes of met een metalen schaal. Druk niet zo hard dat de ribben en de andere botjes breken.
2. Doe de olijfolie in een diepe schaal en strooi er 2 theelepels zout en evenveel peper bij. Meng goed. Strijk met dit mengsel de kip aan alle kanten goed in. Leg de kip in de rest van het mengsel en laat 2 uur marineren. Warm de grill voor.
3. Haal de kip uit de marinade en dep droog met keukenpapier. Bewaar de marinade.
4. Plaats de kip op een rooster onder de grill en gril aan elke kant 7 minuten. Giet regelmatig wat van de marinade over de kip om verbranden te voorkomen.
5. Snijd de kip in stukken en bedruip met citroensap. Dien onmiddellijk op.

INHOUD

Kennismaking met de Italiaanse keuken 2

ANTPASTI EN BRUSCHETTE

Een klassieke bruschetta 10
Bruschetta met ricotta en rucola 12
Bruschetta met mozzarella en ansjovis 12
Crostini uit Toscane 14
Stokbrood met tapenade uit Genua 14
Paprika en courgette uit de oven 16
Paprika uit de oven met kappertjes 16
Spinazie met gorgonzola en pijnpitten 18
Salade uit Capri 18
Gevulde artisjokken uit Basilicata 20
Gevulde aubergines 20
Tomaten met rijstsalade uit Sicilië 22
Tuinbonen op z'n Romeins 22
Linzensalade 24
Bonensalade met tonijn uit Toscane 24
Zwaardvissalade uit Ligurië 26
Aspergesalade met gruyère 26
Andijvie met mozzarella 28
Rijstsalade 28
Carpaccio met rucola 30
Aubergines met peterselie 30
Suppli of rijstkroketjes 32
Gefrituurde mozzarella 32
Gefrituurde calamari 34
Gefrituurde ansjovis 34
Eieren gevuld met zalm 36
Tomaten gevuld met avocadomousse 36
Boerensalade 38
Brood met zongedroogde tomaatjes 38
Gevulde driehoekjes van bladerdeeg 40
Vierkantjes met bleekselderij 40

PASTA'S EN PASTASAUSEN

Basilicumsaus (Pesto) 42
Bolognese saus 42
Bechamelsaus 43
Paddestoelensaus 43
Zalmsaus 44
Tomatensaus 44
Olijvensaus 45
Ricotta- en hamsaus 45
Tonijnsaus 46
Paprikasaus 46
Genovese saus 47
Romige kaassaus 47
Macaroni met paddestoelen 48
Farfalle met zalm 48
Lasagne verde in de oven 50
Lasagne met groenten 52
Fettuccine met paprika's 52
Macaroni met vier kaassoorten 54
Macaroni met knoflook en olie 54
Pappardelle met paddestoelensaus 56
Penne met kaas en tomaten 56
Penne met ham en asperges 58
Penne met pikante kruiden 58
Ravioli met champignons 60
Ravioli met geitenkaas 60
Spaghetti met broccoli 62
Spaghetti met basilicum en olijven 62
Spaghetti met eieren en spek 64
Spaghetti met basilicumsaus 64
Spaghetti met venusschelpjes 66
Spaghetti op Bolognese wijze 66
Spaghetti met zeevruchten in papillot 68
Tagliatelle met ham 70
Tagliatelle met gerookte zalm 70
Tagliatelle van de zeeman 72
Tortellini met noten 72

VISGERECHTEN

Vissoep 74
Tonijn in tomatensaus 76
Gestoofde vis op de wijze van Genua 76
Paling met laurier 78
Gegrilde paling 78
Gekruide visspiesjes 80
Zeebaars met olijven 80
Zeebaars uit Livorno 82
Zeebaars in witte wijn 84
Zeebaars met artisjokken 84
Kabeljauw met spinazie en tagliatelle 86
Dipsaus met ansjovis en knoflook 86
Farfalle met zalm 88
Gerookte zalm met spaghetti 88
Gebakken tonijn met basilicum 90
Gemarineerde sardines 90
Spaghetti met tonijn 92
Zeeduivel in witte wijn 94
Zeeduivel met citroen en kappertjes 94
Gegratineerde zeetong 96
Zwaardvis onder de grill 96
Zeebrasem met aardappelen 98
Karper met olijven 98
Gepaneerde forelfilets 100
Harder met venkel 100
Visschotel uit Calabrië 102
Fusilli met tonijn 104

VLEESGERECHTEN

Biefstuk met ham en champignons 106
Geroosterde steak op Florentijnse wijze 106
Rosbief in spek 108
Entrecote op de wijze van Campanië 108
Kalfslapje met tonijnsaus 110
Kalfsrolletje met ham in witte wijn 110
Ossobuco op Milanese wijze 112
Gebraden kalfsvlees 112
Kalfskoteletten met salie 114
Kalfskoteletten op Milanese wijze 114
Gebakken kalfslever met uien 116
Kalfslever met balsamicoazijn 116
Kalfslapjes met prosciutto en kippenlevers 118
Varkenslapjes met mozzarella en oregano 120
Varkenslapjes met zwarte olijven 122
Gebraden varkensribstuk met rozemarijn 124
Konijnstoofpot op Ligurische wijze 126
Gebakken konijn 128
Lamsstoofschotel met aardappelen 130
Kipfilet in gekruide tomatensaus 132
Kip met citroen 134
Duivelse kip 136

Copyright deze uitgave © MMII by De Ballon Malle (B) en Veldhoven (NL)
Copyright tekst en illustraties © MMII Hamlet Group nv
Teksten van Chiara da Lombardi, Ann Colby, Antonio Colombo, Emma Kingsgarden en Helen van Lindert. Bewerking en vertalingen: Eric van Leuze.
Receptfotografie: Joris Luyten en Sonny Plasschaert
Overige foto's: Diapress
Niets uit deze uitgave mag worden verveelvoudigd en/of openbaar gemaakt door middel van druk, fotokopie, microfilm of op welke andere wijze ook, zonder voorafgaande schriftelijke toestemming van de uitgever.
ISBN 90 374 4490 3
D-MMII-4969-326